Les collections scientifiques,
de l'outil de connaissance à l'objet de patrimoine

Aspects juridiques et pratiques professionnelles et institutionnelles

5-7, rue de l'Ecole polytechnique, 75005 Paris

http://www.librairieharmattan.com
diffusion.harmattan@wanadoo.fr
harmattan1@wanadoo.fr

ISBN : 978-2-296-13089-0
EAN : 9782296130890

Marie CORNU, Catherine CUENCA, Jérôme FROMAGEAU
(sous la direction de)

Les collections scientifiques,
de l'outil de connaissance à l'objet de patrimoine

Aspects juridiques et pratiques professionnelles et institutionnelles

**Actes du colloque organisé les 12 et 13 juin 2008
au Musée des Arts et métiers**

par

l'Université Paris-Sud 11, le Centre de recherches du droit du patrimoine culturel et naturel (Faculté Jean Monnet, CECOJI CNRS),

la Mission nationale de sauvegarde du patrimoine scientifique et technique contemporain,

le Musée des Arts et métiers et

l'OCIM, Université de Bourgogne.

L'Harmattan

Collection Droit du patrimoine culturel et naturel

dirigée par Marie Cornu et Jérôme Fromageau

Cette collection initiée par le Centre de recherche « Droit du patrimoine culturel et naturel » a pour but de développer et enrichir la réflexion sur les objets et modes de protection dans le domaine du patrimoine culturel et naturel. Les questions que soulèvent la conservation, la circulation, la valorisation du patrimoine sollicitent, en effet, ces deux disciplines. Le contexte d'un monument historique, son environnement, le paysage dans lequel il s'inscrit sont souvent essentiels à sa mise en valeur. Le droit de la culture et le droit de l'environnement développent cependant des concepts propres. Ils ne sont pas toujours en accord sur les méthodes et les moyens de protection, d'où l'intérêt de la confrontation et de la comparaison des ressources tirées de ces deux dispositifs.

C'est pourquoi la réflexion doit se renouveler sur les concepts fondamentaux du patrimoine, sur la délimitation des éléments qui méritent protection. Dans la compréhension des différents mécanismes et l'ouverture vers de nouveaux modèles, le droit comparé est essentiel, ainsi que le droit international.

Déjà parus

MARIE CORNU, JÉRÔME FROMAGEAU (sous la direction de), *Quel avenir pour les archives ? Enjeux juridiques et institutionnels*, 2010.

JEAN-PIERRE ALLINNE, RENAUD CARRIER (sous la direction de), *La culture au risque du marché. Le mécénat face à ses acteurs*, 2010.

CHRISTEL DE NOBLET, *Protection du patrimoine architectural aux États-Unis et au Royaume-Uni*, 2009.

ANTOINETTE MAGET, *Collectionnisme public et conscience patrimoniale. Les collections d'antiquités égyptiennes en Europe*, 2009.

MARIE CORNU, JÉRÔME FROMAGEAU (sous la direction de), *La revendication du patrimoine écrit. Questions juridiques et pratiques institutionnelles*, 2009.

CAROLINE RAINETTE, en collaboration et sous la direction scientifique de MARIE CORNU et CATHERINE WALLAERT, *Guide juridique sur le patrimoine scientifique et technique*, 2008.

LAURENCE MAYER-ROBITAILLE, *Le statut juridique des biens et des services culturels dans les accords commerciaux internationaux*, 2008.

MARIE BONNIN, *Les corridors écologiques. Vers un troisième temps du droit de la conservation de la nature*, 2008.

DIRECTION DES ARCHIVES DE FRANCE, CENTRE DE RECHERCHE SUR LE DROIT DU PATRIMOINE CULTUREL (sous la direction de), *Archives et sciences sociales. Aspects juridiques et coopérations scientifiques*, 2006.

NÉBILA MEZGHANI, JEAN-FRANÇOIS POLI (sous la direction de), *Droit et protection du patrimoine culturel dans les pays méditerranéens*, 2006.

Les collections scientifiques, de l'outil de connaissance à l'objet de patrimoine

BRIGITTE BASDEVANT, MARIE CORNU, JÉRÔME FROMAGEAU (sous la direction de), *Le patrimoine culturel religieux. Enjeux juridiques et pratiques cultuelles*, 2006.

MARIE CORNU, NÉBILA MEZGHANI (sous la direction de), *Intérêt culturel et mondialisation*, 2 tomes, 2004.

MARIE CORNU, JÉRÔME FROMAGEAU (sous la direction de), *La forêt à l'aube du XXIe siècle. Aspects politiques et juridiques*, 2 tomes, 2004.

PIERRE-LAURENT FRIER (sous la direction de), *Le nouveau droit de l'archéologie préventive*, 2004.

CRIDEAU-CNRS, Limoges (sous la direction de), *Les monuments historiques : un nouvel enjeu ?*, 2 tomes, 2004.

MARIE CORNU, JÉRÔME FROMAGEAU (sous la direction de), *Archives et Patrimoine*, 2 tomes, 2004.

MARIE CORNU, MARIE-AGNÈS FÉRAULT, JÉRÔME FROMAGEAU (sous la direction de), *Patrimoine architectural, urbain et paysager : enjeux juridiques et dynamiques territoriales*, 2003.

MARIE CORNU, JÉRÔME FROMAGEAU (sous la direction de), *Archives et Recherche*, 2003.

ANNIE HÉRITIER, *La genèse de la notion juridique de patrimoine artistique*, 2003.

MARIE CORNU, JÉRÔME FROMAGEAU (sous la direction de), *Le patrimoine culturel et la mer*, 2 tomes, 2002.

MARIE CORNU, JÉRÔME FROMAGEAU (sous la direction de), *Genèse du droit de l'environnement*, 2 tomes, 2001.

MARIE CORNU, JÉRÔME FROMAGEAU (sous la direction de), *Fondation et trust dans la protection du patrimoine*, 1999.

Mise en page et maquette : Marie-Laure Berthe, CNRS-CECOJI

Sommaire

Protection et mise en valeur des collections scientifiques

De l'objet à l'ensemble

La notion juridique de collection scientifique

Marie Cornu
Directeur de recherche, CECOJI-CNRS, UMR 6224

Nous nous réunissons autour du thème des collections scientifiques et je dois en évoquer la notion sous l'angle juridique, analyse que je resserrerai autour des collections dont l'intérêt public du point de vue scientifique appelle une protection particulière. Un certain nombre de dispositifs légaux combattent le risque de démantèlement et partant de dispersion. Je laisse cette question de côté [1], pour me concentrer sur la notion de collection scientifique. Les modalités en sont variables, selon leur structure interne, leur constitution, leurs composantes – objets, spécimens, etc. – la qualité de leur initiateur : personne publique ou privée, et encore leur localisation et leur finalité. Ces collections sont pour certaines en mains privées, pour d'autres conservées *in situ* dans des laboratoires qui les ont réunies à des fins de recherche. D'autres encore ont rejoint un musée. En quoi cette réalité multiple des collections influence le regard que pose sur elles le législateur ?

Pour caractériser cette entité composite, il faut dans un premier temps remonter à la notion générique de collection. Si le droit commun, fortement marqué par une approche singulière de l'univers des biens, ne s'intéresse guère à la collection [2], la notion apparaît à plusieurs reprises dans les textes,

---

1 Sur l'intégrité des collections et les difficultés d'imposer l'intangibilité des collections scientifiques en raison de leur caractère nécessairement évolutif, v. M. Cornu, « Le statut des collections publiques d'études », colloque CNAM, *Le patrimoine scientifique et technique*, 2008.

2 C'est frappant dans le code civil qui traite très généralement des biens considérés *ut singuli*, à l'exception de quelques applications très marginales, par exemple la mention de la collection dans la qualification des meubles meublants. Aux termes de l'article 534 du code civil : « Les mots "meubles meublants" ne comprennent que les meubles destinés à l'usage et à l'ornement des appartements, comme tapisseries, lits, sièges, glaces, pendules, tables, porcelaines et autres objets de cette nature.

en particulier dans les dispositifs de protection du code du patrimoine. Le code de la recherche évoque également la notion de collection scientifique à propos des échantillons collectés à la faveur de recherches. Mais d'une façon quelque peu paradoxale, alors qu'il s'agit de nommer une même action de collecter et de conserver, aucune définition synthétique ne se dégage. La dispersion règne dans l'exercice de qualification. Partant de cette notion de collection, on peut identifier plusieurs méthodes de délimitation. La première approche consiste à considérer la collection d'un point de vue organique, par le détour de l'institution qui l'abrite. La seconde s'intéresse plus directement à la collection, considérée soit du point de vue des personnes qui la constituent, soit comme entité, universalité de droit. Cette dernière perspective, en réalité, se dédouble, selon qu'est mise en avant la valeur patrimoniale que dégage la collection ou la construction intellectuelle qui la sous-tend. Dans chacune de ces hypothèses, il faut se demander en quoi l'intérêt scientifique influence le statut de la collection.

I – La collection institution

La collection, dans le code du patrimoine, c'est d'abord la collection institution. Au sens de l'article L. 451-1 du CP constitue un musée de France « toute collection permanente composée de biens dont la conservation et la présentation revêtent un intérêt public ». L'institution musée se définit par la permanence de ses collections mais rien n'est spécialement dit de son unité, de sa cohérence, de la nécessité d'en préserver l'intégrité matérielle. Développant des outils distincts selon la nature privée ou publique des collections (technique de l'affectation irrévocable pour les collections privées, inaliénabilité pour les collections publiques), le droit des musées place sous haute surveillance les objets de collection sous label. Mais on peut se demander si ce n'est pas l'objet pour lui-même que la loi protège, davantage que son lien avec le tout. L'unité juridique est bien réelle. Le code du patrimoine identifie le musée comme un ensemble de biens, propriété publique ou privée. Le lien d'appartenance est très lisiblement énoncé. Pour autant, on peut se demander si cette unité juridique se nourrit nécessairement de l'unité scientifique de la collection. L'exigence de permanence de la collection posée dans la définition du musée pourrait être lue en ce sens. Mais en

---

Les tableaux et les statues qui font partie du meuble d'un appartement y sont aussi compris, mais non les collections de tableaux qui peuvent être dans les galeries ou pièces particulières.
Il en est de même des porcelaines : celles seulement qui font partie de la décoration d'un appartement sont comprises sous la dénomination de "meubles meublants" ».
Mais la notion ici n'est guère précisée. La collection dont il est question renvoie à la figure du collectionneur, personne privée rassemblant des œuvres.

réalité, le code du patrimoine renvoie purement et simplement à une notion organique, constituée autour d'une entité institutionnelle propriétaire de la collection. De là viendrait finalement la cohérence de l'ensemble.

Si l'unité se constitue sur la tête du propriétaire, cela signifie qu'il peut matériellement, parfois juridiquement, séparer les éléments de la collection, qu'elle soit publique (en en procédant à un déclassement) ou privée. Et même si ces mouvements sont sous étroit contrôle pour les musées de France, il n'est pas sûr que ce contrôle se réalise au regard de la rupture de lien entre la partie et le tout.

Il n'y a pas de servitude d'indivisibilité qui affecterait l'ensemble et imposerait l'intégrité et ainsi la non-dissociation des biens qui composent une collection, à l'exception de quelques règles éparses. C'est le cas de certains procédés d'enrichissement du patrimoine artistique, pour lesquels la décision d'acquérir de la collectivité publique se fonde sur l'intérêt des collections publiques. On peut alors supposer que la référence n'est pas simple formule de style, qu'elle a précisément pour objet de caractériser le rattachement à une collection déterminée et en assurer la préservation. Par exemple, l'acquisition au moyen d'une dation en paiement [3] tient compte très explicitement de la destination de l'œuvre. L'entrée dans le patrimoine public se justifie dès lors que l'œuvre rejoint un ensemble désigné, pour le compléter, l'enrichir, en renforcer la cohérence, en combler une lacune. La considération du lien à la collection participe pleinement du processus de décision. Ainsi affectée à une collection particulière, une œuvre devrait, en principe, y être durablement conservée. C'est ce que suggère l'article L. 451-8 du code du patrimoine qui, autorisant les transferts de propriété à titre gratuit entre musées publics de France, indique que ne sont pas concernés par cette faculté de cession les biens entrés par la voie d'une dation en application de l'article 1716 bis du code général des impôts [4]. Refoulant toute possibilité de cession, c'est bien l'affectation première que la loi cherche ici à préserver.

La notion d'intérêt des collections publiques est cependant d'inégale portée selon le texte mobilisé. Dans certains cas, il signifie tout simplement que l'objet est digne d'intégrer les collections publiques, que ses qualités intrinsèques, sa rareté, sa valeur culturelle sont telles qu'il mérite de rejoindre le

---

[3] Art. 1716 bis du CGI.

[4] Le texte exclut également des cessions les biens remis en application de l'article 1131 du CGI, autre mode d'enrichissement prévu par le CGI cette fois-ci sous la forme d'une donation d'œuvres d'art ouvrant droit à exonérations de droits de mutation. Ces deux ressorts des articles 1716 bis et 1131 du CGI obéissent à la même procédure et mettent en œuvre les mêmes critères dans la décision d'acquisition.

patrimoine collectif. L'attention se porte là sur l'objet, à nouveau considéré isolément, dans son aptitude à figurer dans une collection, sans égard, spécialement à l'ensemble dont il augmente la valeur. Sa seule valeur propre suffit à justifier l'acquisition. On peut citer entre autres la mise en œuvre du droit de revendication des objets de fouilles, dont la loi précise qu'il doit être exercé dans le seul intérêt des collections publiques [5]. Cette approche singulière de l'objet de collection influence la question de la protection, limitant son effet à la préservation des éléments qui la constituent [6].

Dans une approche originale, Jean-David Dreyfus relie les collections publiques au service public des musées, « ensemble des œuvres » émanant de ces collections, développant l'idée qu'une œuvre ne peut être considérée distinctement en particulier dans une décision de désaffectation, et ce contrairement au droit commun de la domanialité publique. « Aucune œuvre, même la plus rare, la plus précieuse, n'est à elle seule le service public (...) les œuvres qui constituent une collection forment un ensemble dont chaque élément ne peut être jugé indépendamment de l'ensemble dont il est une composante » [7]. C'est le lien au patrimoine national qui est en promotion.

Mais une telle lecture n'est guère reçue dans le droit français.

II – La collection œuvre de l'homme

Dans cet appel à la notion juridique de collection, une deuxième approche consiste à voir la collection non plus seulement du point de vue de celui qui la constitue, qui la réunit, mais dans la trace qu'il y inscrit, d'une certaine façon comme une émanation de sa personnalité. Le terme évoque le registre de la propriété intellectuelle, mais d'autres ressorts peuvent être utilement sollicités du côté de la propriété familiale.

La notion de collection/construction intellectuelle obéit à une logique distincte de la précédente cette fois-ci concentrée sur le mode de constitution, de structuration de la collection, sur les liens très intimes qui se tissent entre les personnes et les choses, par exemple entre une activité savante et l'ensemble d'objets à partir desquels se construit la connaissance. La collection, émanation de la personne, le critère évoque la condition d'originalité requise pour qu'une œuvre de l'esprit puisse accéder à la protection. On

---

5 La formule signale que l'intérêt pour la recherche scientifique ne suffit pas à mettre en mouvement ce procédé d'enrichissement, encore faut-il que l'objet puisse être « patrimonialisé » en intégrant un musée par exemple.

6 Sur les caractéristiques que devraient réunir les objets de collection, v. *infra*.

7 J.-D. Dreyfus, « La respiration des collections publiques », *AJDA*, n° 13/2008, 7 avril 2008, p. 682.

peut se demander en quoi, dans cette hypothèse de la collection scientifique, le ressort de la propriété intellectuelle peut être mobilisé.

La jurisprudence recèle quelques exemples intéressants, notamment à propos du fonds d'archives François Balsan. L'explorateur laisse à son décès un nombre très important de documents provenant de ses expéditions (carnets de route, comptes rendus de déplacements, récits, films, écrits divers). Pour éviter la dispersion du fonds et en assurer la conservation, les héritiers établissent une convention d'indivision créant par conséquent une forme de propriété collective. Balsan n'avait rien dit de son vivant sur ce fonds et la discussion se nouait autour de l'accès à ces archives. Mais, au-delà des dissensions au sein de la communauté familiale, cette décision de réunir en un fonds unique l'ensemble marquait le respect d'une volonté supposée de l'auteur. La question n'était pas là de considérer le fonds lui-même comme une œuvre, la question n'était pas discutée. On était en présence d'une pluralité d'œuvres de nature différente. Mais d'une façon assez claire les juges reconnaissent implicitement l'unité intellectuelle du fonds réuni par Balsan, unité complexe mais cohérente. On ne raisonne pas pièce à pièce [8].

Cette dimension personnelle et intellectuelle de la collection a une réalité certaine dans la recherche scientifique, en particulier pour les sciences de terrain [9]. De grandes collections historiques réunies par des savants sont dans nos musées (la collection de minéraux de Caillois, des collections botaniques ou médicales). Pour autant, le simple fait de réunir des objets ne donne pas prise, en principe, à un droit d'auteur [10]. Tout au plus la constitution d'une collection peut-elle faire naître une sorte de droit de la personnalité de celui qui en est l'initiateur. C'est ce que décident les juges à propos de la collection du musée Schlumpf à Mulhouse, qui, suite à des difficultés financières, fut vendue à des associations soucieuses d'en éviter la dispersion. Le Musée national de l'automobile est créé. Les frères Schlumpf vont exiger d'une part que leur paternité se retrouve dans la dénomination du musée, d'autre part que leur collection soit, dans le musée, distinctement identifiée.

---

[8] Cass. civ. 1ère, 3 novembre 2004, P. Sirinelli, *Propriétés intellectuelles*, avril 2005, n° 15, p. 172 ; *Dalloz*, 2004, p. 3223, note P. Allaeys, pourvoi n° 03-11011.

[9] Elle est peut-être bien à la source de toute collection, la logique des collections étant, selon D. Poulot, d'illustrer un propos intellectuel. D. Poulot, *Une histoire des musées de France XVII-XXe siècle*, La Découverte, 2008, p. 83.

[10] Pour une approche originale voyant dans la collection du musée une base de donnée, C. Sappa, *La propriété littéraire et artistique au service des institutions muséales à l'ère du numérique. Analyse comparée en droits français et italien*, thèse, Université Paris-Sud XI, Faculté Jean Monnet / Università degli Studi di Pavia, Facoltà di giurisprudenza, septembre 2009. On restera cependant réservé sur l'assimilation quelque peu rapide de l'œuvre à l'information, élément constitutif d'une base de données. L'auteur en créant, produit-il de l'information ?

Droit de paternité, droit à l'intégrité, le moyen était admissible pour autant qu'on qualifie la collection d'œuvre de l'esprit. C'est ce que vont admettre les premiers juges considérant que la collection de voitures et le cadre conçu et créé pour la recevoir constituent un ensemble indissociable, véritable création originale, soumise par conséquent à la protection du droit d'auteur. La cour d'appel ne suit pas le raisonnement. Délaissant la qualification d'œuvre compte tenu des contraintes d'évolution muséographiques, les juges inventent une nouvelle figure, l'œuvre de l'homme donnant prise à des droits voisins du droit moral de l'auteur.

« [...] l'action de réunion et de collection et la passion qui ont inspiré leur auteur, ont constitué et continuent de constituer un message et un témoignage dont l'initiative créatrice mérite protection comme étant l'expression d'un droit de la personnalité voisin du droit moral et la manifestation d'une action hors du commun ; l'œuvre du collectionneur, née de son initiative et de sa volonté affirmée, mérite, en elle-même, la protection judiciaire nécessairement inhérente à une œuvre de l'homme qui porte témoignage d'une époque déterminée ou d'un génie créateur [...] » [11].

On observe que les seuls droits admis ici sont de nature extra-patrimoniale (droit au nom et forme de droit au respect de la collection), rattachés à la famille des droits de la personnalité. Mais, si l'on peut souscrire au rejet de la qualité d'œuvre, le motif tiré des contraintes d'évolution muséographiques peut surprendre. Ce point avait également été discuté à propos de l'exposition réunie par Henry Langlois pour laquelle les juges identifient au contraire une véritable création de forme originale [12].

On peut clore ce tour d'horizon sur les collections émanation de la personne en évoquant, d'une part, la technique des libéralités avec charges qui parfois peuvent imposer d'une façon assez radicale l'intangibilité des collections [13] et, d'autre part, une figure quelque peu marginale mais dont on discute aujourd'hui encore dans les prétoires : la catégorie des souvenirs de famille. Cette construction purement jurisprudentielle, consacrant sur certains biens une véritable propriété collective familiale, peut avoir une grande

---

[11] Paris, 25 mai 1988, *Dalloz*, J. 542, note B. Edelman, infirmant TGI Paris, 25 novembre 1986.

[12] À propos du musée du cinéma Henry Langlois considéré comme scénographie originale, Paris, 2 octobre 1997, *D.* 1998, J., p. 312, note B. Edelman. V. B. Dufour, « Des expositions comme œuvres de l'esprit », *RIDA*, n° 180, avril 1999, p. 3.

[13] D'une façon plus radicale en un sens que ne le fait le droit public. Il est de ce point de vue frappant que certains dispositifs du code du patrimoine renforcent le statut des biens donnés ou légués. Il sont par exemple indéclassables destinés à une collection publique « musée de France ». Quand l'intérêt public vient au renfort de la volonté individuelle.

utilité dans la préservation de collections scientifiques, ou encore de fonds d'archives. Les juges peuvent décider d'écarter les règles du partage afin d'éviter la dispersion de biens qui portent l'empreinte de la personne famille, et ce quelle que soit leur valeur. Il s'agit là à nouveau d'une forme de propriété personnelle ne concernant bien sûr que les biens intimement liés à l'histoire familiale, les archives, correspondances, portraits, etc. Le seul fait de la possession prolongée ne suffit pas. Le champ en sera par conséquent limité. Les archives de Zola, dont le manuscrit *J'accuse*, ont par exemple été considérées comme patrimoine familial [14].

III – La collection universalité à valeur « patrimoniale » [15]

Dans l'identification des différentes perceptions juridiques de la collection, la notion d'universalité de droit fondée sur la valeur patrimoniale est sans doute la voie la plus féconde quoique la moins aboutie en droit français.

L'approche en termes d'entité suppose que la collection soit caractérisée non par le détour de l'institution, non plus que par le canal de la personne qui la réunit ou qui la transmet mais pour son intérêt propre, à la fois celui des objets qui en forment la substance mais aussi de la valeur qu'elle dégage distinctement des éléments qui la composent, sorte de plus-value, de lien invisible qui, reliant des choses entre elles, fondent leur indivisibilité. La question peut être envisagée soit sous la perspective élargie de la valeur « patrimoniale » ou culturelle de l'ensemble, soit, plus spécialement, sous l'angle de son intérêt scientifique.

Appréhender l'ensemble en considérant la qualité des objets, l'approche est connue du droit français. Un certain nombre de textes évoquent la notion d'objet de collection, qu'il faut entendre par objet digne de faire partie d'une collection. On suppose qu'un tel objet, pour être dans ce cercle, a une certaine valeur. Les textes réglant dans le droit interne la circulation des biens culturels avaient un temps repris à leur compte la définition communautaire précisant les caractéristiques que doit revêtir un objet de collection [16]. Il s'agit des objets qui « présentent les qualités requises pour être admis au sein d'une collection, c'est-à-dire les objets qui sont relativement rares, ne sont pas normalement utilisés conformément à leur destination initiale ; font l'objet de transactions en dehors du commerce habituel des ob-

---

[14] Paris, 7 décembre 1987, *JCP*, 1988, II-21148, note J.-F. Barbiéri.

[15] Le mot est ici pris dans le sens du patrimoine culturel.

[16] Décret n° 93-124 du 29 janvier 1993 relatif aux biens culturels soumis à certaines restrictions de circulation.

jets similaires utilisables et ont une valeur élevée » [17]. Mais la référence a cependant aujourd'hui été abandonnée. D'une façon générale, le droit du patrimoine ne donne aucune précision sur les qualités que devrait revêtir un objet de collection.

Quant à la prise en compte de la valeur patrimoniale de la collection dans son ensemble, la perspective est peu familière au droit français en général, parti-pris qui a fortement déterminé le code du patrimoine et les outils de protection mal habiles à assurer leur protection.

Les pratiques administratives de protection sont parfois édifiantes de ce point de vue. À la fin des années 1980, la Commission supérieure des monuments historiques avait décliné sa compétence pour apprécier le bien-fondé de la protection de la collection du musée Henry Langlois au motif que cette protection relevait d'une approche immatérielle du patrimoine. La protection au titre des monuments historiques se concentre sur la conservation matérielle, s'intéresse à la préservation de la substance des choses et en l'espèce, dans l'esprit des sages consultés, il s'agissait davantage d'assurer l'intégrité d'un ensemble, donc de consacrer le maintien d'un lien immatériel entre ses composantes. L'argument est quelque peu déroutant dès lors que, assurant la préservation d'un support, c'est bien une valeur immatérielle que cherche à saisir le droit. Le moyen d'y parvenir est d'en conserver la trace tangible et précisément, l'exposition d'Henry Langlois était en l'espèce constituée de choses matérielles.

Rompant avec cette vision très classique de la protection peu ouverte à de nouvelles formes ou nouvelles modalités de préservation du patrimoine [18], quelques tentatives d'une protection plus large d'ensembles de biens culturels, sur le terrain des monuments historiques ou du droit des archives, ont été entreprises. Deux propositions de loi présentées simultanément au Sénat et à l'Assemblée nationale suggéraient en effet d'introduire une possibilité de classement de collections. Un « groupe de biens possédant une qualité historique, artistique, scientifique ou technique et une cohérence exceptionnelle telles que le maintien de son intégrité présente un intérêt public peut être classé comme ensemble historique mobilier » [19].

---

[17] Définition contenue dans les annexes des textes communautaires traitant de la circulation des biens culturels, un temps reprise dans le décret du 29 janvier 1993, puis abandonnée.

[18] La question de la protection de l'atelier de Man Ray est aussi venue en discussion. Cette fois-ci la Commission se penche sur la nécessité de conserver *in situ* les objets témoins de son activité.

[19] Proposition de loi adoptée par l'Assemblée nationale en première lecture relative à la protection du patrimoine, texte n° 644, 3 avril 2001.

Ces initiatives ne sont cependant pas allées jusqu'à leur terme, au motif que la contrainte était trop lourde pour le propriétaire de la collection soumise à une servitude d'indivisibilité, générant une atteinte jugée excessive au droit de propriété.

Une autre tentative plus récente a concerné la toute nouvelle loi sur les archives du 15 juillet 2008 [20], plus spécialement le classement des archives historiques. Dans un état du texte, il était suggéré d'imposer au propriétaire d'un fonds classé une obligation de non-dispersion, proposition refoulée par le Conseil d'État au même motif de respect du droit de propriété.

Cette vision de la collection universalité n'est cependant pas tout à fait absente du droit français. Peu mobilisée dans les servitudes attachées à la conservation matérielle des biens culturels, elle a fait son entrée dans les règles qui concernent le contrôle des mouvements de biens culturels qui soumettent à une exigence de certificat plusieurs classes de biens affectés de seuils de datation ou de valeur variables selon la catégorie concernée. Parmi ces catégories figure la collection définie comme « ensemble d'objets, d'œuvres et de documents dont les différents éléments ne peuvent être dissociés sans porter atteinte à sa cohérence et dont la valeur est supérieure à la somme des valeurs individuelles des éléments qui le composent. La valeur et la cohérence de la collection s'apprécient en fonction de son intérêt pour l'histoire ou pour l'histoire de l'art, des civilisations, des sciences et des techniques… » [21]. Se rattachent notamment à cette notion générique, les collections et spécimens provenant de zoologie, de botanique, de minéralogie, d'anatomie ainsi que les collections présentant un intérêt historique, paléontologique, ethnographique, numismatique ou philatélique, et autres collections d'intérêt scientifique ou historique. La collection scientifique est là sous abri d'une notion plus vaste. Intéressante définition synthétique qui, véritablement, qualifie cette valeur propre et distincte des éléments et c'est bien la réalité de cette plus-value qui précisément justifie une servitude d'indivisibilité. La règle est cependant à mobilité réduite. Elle rayonne à l'intérieur du dispositif de contrôle et exclusivement dans ce cercle. Elle permet à l'État d'immobiliser sur le territoire des collections importantes, de les acheter ou de les classer. Devenues trésors nationaux, elles ne peuvent plus sortir. On a par exemple réussi par ce moyen à empêcher après la Seconde Guerre mondiale la sortie d'une collection entomologique d'insectes

---

[20] Loi n° 2008-696 du 15 juillet 2008 relative aux archives.

[21] Décret du 29 janvier 1993, cette notion de collection y a été introduite par le décret du 16 juillet 2004.

réunie par Oberthür, collection aujourd'hui en main privée [22]. L'interdiction de sortie évite le risque de dilapidation du patrimoine hors des frontières, mais d'une façon paradoxale, cette mesure de restriction ne fait pas obstacle à une dispersion dès lors que les biens restent sur le territoire.

Entrant dans cette idée d'une protection de l'entité collection pour elle-même, il faut aussi se poser la question de la qualification de cette plus-value et de l'opportunité de dégager une catégorie spécifique de la collection scientifique. En quoi la notion d'intérêt scientifique peut-elle fonder la collection ?

Le code du patrimoine nous livre quelques repères utiles. D'abord, l'intérêt scientifique est une des variations contemporaines de l'intérêt d'art et d'histoire. Le premier dispositif de protection à y faire référence est la loi du 23 décembre 1970 qui, modifiant la loi du 31 décembre 1913, vient renforcer la protection des objets mobiliers. Le nouveau texte en remodèle le périmètre et introduit aux côtés de l'intérêt public d'art et d'histoire motivant un classement au titre des monuments historiques l'intérêt scientifique et technique. On est en 1970, période durant laquelle la perception patrimoniale évolue, ouverte à des formes renouvelées de patrimoines, en particulier le patrimoine ethnologique. La formule fleurit dans d'autres textes : la définition du patrimoine à l'article L. 1 du code du patrimoine, et dans son sillage, la définition du domaine public mobilier dans le code général de propriété des personnes publiques (art. L. 2112-1). Jean-François Poli y reviendra. Dans ces différents développements de l'intérêt scientifique, la notion doit être comprise au prisme de l'intérêt d'art et d'histoire. Entrent dans le champ de la protection les objets et lieux qui, perdant leur fonction utilitaire, conquièrent une valeur patrimoniale. Ce sont les traces d'activités humaines qui ont disparu ou encore dont les techniques ont évolué et qu'il ne faut pas laisser perdre.

Mais dans le code du patrimoine, la mention de l'intérêt scientifique peut aussi être compris dans un autre sens, renvoyant cette fois-ci à l'intérêt pour la recherche aujourd'hui et demain. La perspective n'est pas contradictoire avec la précédente, mais elle s'en distingue en ce qu'elle investit la fonction scientifique d'une valeur patrimoniale propre. Le patrimoine scientifique peut être une valeur en soi, sans qu'il soit toujours nécessaire d'en dégager l'intérêt historique. Cette valeur est notamment dans le potentiel scientifique

---

22 V. C. Rainette, en collaboration et sous la direction de M. Cornu et C. Wallaert, *La protection du patrimoine scientifique et technique*, L'Harmattan, 2008, où la Commission supérieure chargée de donner son avis rappelle que le départ à l'étranger de cette collection convoitée par les Américains et les Allemands serait « une véritable catastrophe pour l'entomologie française ».

que recèle un objet ou un ensemble d'objets. Deux exemples illustrent cette approche du patrimoine. Le droit des archives préserve les documents publics, ensemble produit et reçu par la collectivité publique dans l'exercice de son activité, et ce dès leur création. Leur intérêt historique n'est pas encore révélé ou avéré que déjà, on les considère comme faisant partie du patrimoine. Le code du patrimoine précise entre autres que ces archives sont collectées en vue de l'intérêt public pour la recherche.

On retrouve cette forme de protection par anticipation dans le droit de l'archéologie. Et ce n'est pas un hasard si ces deux branches du droit se sont séparées progressivement de leur matrice, la loi sur les monuments historiques pour former deux corpus distincts. Dans ces deux ressorts, la coprésence d'un intérêt scientifique et d'un intérêt patrimonial appelait des solutions originales. Reste à en assurer la cohérence. Comment travailler à leur meilleure articulation, à une chronologie mieux maîtrisée. Le chantier est stimulant mais évidemment difficile tant se nouent des tensions dans cette double aspiration à la protection et à la connaissance. La question se pose dans des termes particuliers dans les institutions muséales accueillant une activité de recherches tels les muséums d'histoire naturelle. Certaines collections sont d'abord réunies à des fins de recherche et ne sont versées aux collections patrimoniales que dans un second temps. Et de toute évidence, alors même que le droit ne les distingue pas, la collection/outil de recherche et la collection/objet patrimonial n'ont pas la même fonction et ainsi n'appellent pas la même protection [23].

---

[23] Sur cette question, v. M. Cornu, colloque CNAM, précité.

Intérêt scientifique et domanialité publique

Jean-François Poli
Doyen honoraire de l'Université de Corse
UMR LISA 6240 – Université de Corse
Avocat à la Cour

La domanialité publique est un concept fondamental de notre droit administratif qui a été forgé, à l'origine, essentiellement pour des biens que l'on pourrait qualifier de communs, c'est-à-dire affectés à l'intérêt général, mais sans qu'une connotation spécifique, culturelle, par exemple, puisse leur être appliquée.

Dans la mesure où il est intrinsèquement lié au service de l'intérêt général, le régime juridique mis en place pour caractériser la domanialité publique ne pouvait que trouver à s'appliquer aux biens culturels et donc, pour ce qui nous concerne aujourd'hui, aux collections scientifiques.

Il s'agit de collections pour lesquelles vient le réflexe ordinaire qui nous fait les relier à l'action muséale. Mais elles sont aussi scientifiques, avec toute la spécificité que cela implique. Sont-elles alors complètement assimilables aux autres collections muséales ou faut-il les soumettre à un statut dérogatoire ? Ce sont certaines des questions qui se posent.

Il s'agira ici de présenter un certain nombre de pistes de réflexion qui nous permettrons d'avancer dans le choix de solutions dont le sens n'est pas aisé à déterminer, tant sont en cause des équilibres complexes, avec une pluralité de contraintes à prendre en considération.

Nous nous attacherons à préciser tout d'abord quels sont les critères de la domanialité publique et plus précisément de la domanialité publique *mobilière*, en examinant ensuite quelle approche on peut avoir de la notion de collection et plus précisément de collections scientifiques. Cela nous conduira a préciser, eu égard à ce qui aura été indiqué, quel peut être le statut et le régime juridique auxquels seront soumises lesdites collections.

I – Les critères de la domanialité publique

Le droit de la domanialité publique a été renouvelé, pour partie, par l'intervention du code général de la propriété des personnes publiques, avec l'ordonnance n° 2006-460 du 21 avril 2006 qui codifie, à droit **non** constant, un certain nombre de dispositions applicables aux propriétés publiques.

La plus grande nouveauté concerne le domaine public mobilier qui voit son existence affirmée expressément, même si la jurisprudence jusqu'alors seule applicable ne permettait pas d'avoir de doutes quant à son existence [1].

Le code de la propriété des personnes publiques limite néanmoins la catégorie des biens du domaine public mobilier à ce que l'on pourrait appeler une propriété « culturelle ». Il n'est pas ici le lieu de s'interroger sur la pertinence de cette restriction à l'égard de laquelle on peut néanmoins indiquer qu'il eut été sans doute judicieux de conserver la possible application des critères généraux qui concernent les biens immobiliers aux biens meubles autres que culturels qui le méritent. L'œuvre de codification sur ce point reste à parfaire.

Néanmoins, ceux qui se soucient de la protection du patrimoine culturel, et notamment de celui qui est le plus fragile, à savoir le mobilier, ne pourront que se réjouir de cette avancée constituée par l'affirmation expresse de son existence.

A – Une définition générique du domaine public mobilier…

Les dispositions de l'article L. 2112-1 du code général de la propriété des personnes publiques, qui constituent l'unique disposition du chapitre II du code intitulé « *Domaine public mobilier* » [2] énoncent une disposition générale selon laquelle :

« *Sans préjudice des dispositions applicables en matière de protection des biens culturels, font partie du domaine public mobilier de la personne publique propriétaire les biens présentant un intérêt public du point de vue de l'histoire, de l'art, de l'archéologie, de la science ou de la technique, notamment* […] ».

Le préambule de cet article, dans la définition qu'il met en place, **n'est pas exclusif** de toute autre définition de la domanialité publique mobilière culturelle qui pourrait résulter d'autres dispositions de protection de ce patrimoine contenues dans d'autres textes.

---

[1] Il existait néanmoins quelques positions, certes minoritaires, en doctrine qui tendaient toujours à contester son existence.

[2] Il faudrait en conclure que le seul domaine public mobilier est culturel. Ce qui ne semble pas parfaitement pertinent.

Il y a donc là une volonté de donner le plus d'ampleur possible à la démarche protectrice.

En outre, la définition générale qui est donnée par ce « préambule » met en place deux conditions pour pouvoir constater la présence de la domanialité publique, d'une part la propriété publique [3] du bien considéré, d'autre part le fait qu'il présente un *intérêt public* du point de vue de l'*histoire, de l'art, de l'archéologie, de la science ou de la technique.*

Un tel mode d'aborder la question nous paraît très satisfaisant, car il laisse ouverte la catégorie et donne tout latitude d'appréciation au cas par cas de la présence d'un intérêt justifiant de faire basculer le bien sous l'empire de la protection domaniale même si, bien évidemment, il ne figure pas sur la liste ensuite mise en avant.

Il ne s'agit d'ailleurs ici que de la reprise des définitions originaires qui caractérisaient l'intérêt public culturel pour l'application de la législation sur les monuments historiques. Cette approche a permis d'assurer jusqu'à présent une protection efficace du patrimoine culturel. Même si les conditions de son application, pour ce qui concerne la circulation des biens, ont été largement bouleversées par les exigences de l'intégration communautaire.

On notera également que cette définition générale fait référence expresse à l'intérêt public de nature scientifique ou technique, intérêt qui concerne précisément la problématique qui nous occupe aujourd'hui.

B – … Mise en œuvre et explicitée par une liste forcément non exhaustive

La définition, générique en quelque sorte, qui est donnée du domaine public mobilier est complétée fort utilement d'une liste de *catégories* de biens.

L'adverbe *notamment* qui précède le déroulement de cette liste signifie clairement que leur appartenance au domaine public mobilier est affirmée, sans que l'on ait à se référer à la définition générale précitée. Cette définition pourra servir bien évidemment aux interprètes pour éclairer le contenu des énonciations de ladite liste.

Cette liste en onze points constitue donc nécessairement une **explicitation**, une mise en œuvre du critère général posé par le code dans l'alinéa 1er de l'article L. 2112-1.

Les biens de nature scientifique et/ou technique peuvent être concernés par plusieurs des explicitations de la définition générale qui sont données par le corps du texte.

---

[3] Ce qui est classique.

Il s'agit tout d'abord, bien évidemment des « *collections des musées* » [4], mais également des « *objets mobiliers classés ou inscrits au titre du chapitre II du titre II du livre VI du code du patrimoine* » [5]. (Il s'agit ici d'un renvoi au contenu des dispositions des articles L. 622-1 [6] et L. 622-20 [7] du code du patrimoine).

Mais il pourrait s'agir aussi des archives revêtant un intérêt pour la science ou la technique, telles que mentionnées aux points 2° et 3° de la disposition, comme de certains biens culturels maritimes (point 5°), de même que les « *collections de documents anciens, rares ou précieux des bibliothèques* » (point 10°) et même certaines des collections publiques « *relevant du Mobilier national et de la Manufacture nationale de Sèvres* » (point 11°) si elles traduisent par exemple une illustration d'un procédé technique spécifique.

On ne poursuivra pas plus avant, mais cela suffit à permettre de constater que les biens de nature scientifique et/ou technique peuvent relever de plusieurs des rubriques qui définissent le domaine public mobilier.

Il en résulte que l'intérêt scientifique est pris en compte ou peut être appréhendé très largement par les éléments définissant la domanialité publique.

Il convient également d'indiquer que ces dispositions du code général de la propriété des personnes publiques doivent être lues en combinaison avec celles du code du patrimoine (outre ce qui a déjà été indiqué concernant les biens classés ou inscrits) pour ce qui concerne les biens se trouvant dans un musée, lesquelles réaffirment dans les conditions que l'on verra, la domanialité publique des biens propriété publique s'y trouvant.

---

[4] Point n° 8.

[5] Dans certaines hypothèses, les objets mobiliers « *situés dans un immeuble classé ou inscrit et concourrant à la présentation au public de parties classées ou inscrites dudit immeuble* » (point 6° de l'article L. 2112-1 du CGPPP, deuxième membre de phrase) peuvent également concerner le patrimoine scientifique et/ou technique, dans la mesure où certains éléments de présentation peuvent illustrer une originalité technique, par exemple.

[6] Cette disposition indique notamment : « *Les objets mobiliers, soit meubles proprement dits, soit immeubles par destination, dont la conservation présente, au point de vue de l'histoire, de l'art, de la science ou de la technique, un intérêt public peuvent être classés au titre des monuments historiques par décision de l'autorité administrative* [...] ».

[7] Cette disposition indique : « *Les objets mobiliers, soit meubles proprement dits, soit immeubles par destination, qui sans justifier une demande de classement immédiat, présentent, au point de vue de l'histoire, de l'art, de la science ou de la technique, un intérêt suffisant pour en rendre désirable la préservation, peuvent, à toute époque, être inscrits au titre des monuments historiques. Les objets mobiliers appartenant à une personne privée ne peuvent être inscrits qu'avec son consentement* ».

II – La notion de collection, élément fédérateur de la définition du musée

Le code du patrimoine définit le musée comme « *toute collection permanente composée de biens dont la conservation et la présentation revêtent un intérêt public en vue de la connaissance, de l'éducation et du plaisir public* » [8].

On notera que l'ICOM définit quant à lui les musées, dans son code de déontologie, comme « *des institutions permanentes sans but lucratif au service de la société et de son développement, ouvertes au public ; ils acquièrent, conservent, diffusent et exposent à des fins d'étude, d'éducation et de plaisir (délectation), les témoignages matériels et immatériels des peuples et de leur environnement* ».

Mais si cette notion de collection est utilisée dans le code du patrimoine, comme dans le code général de la propriété des personnes publiques, pour l'application du régime de la domanialité publique, on n'y trouve pas sa définition dans lesdits textes. On ne trouve d'ailleurs pas de définition juridique de cette notion de collection dans le droit interne, bien que de nombreux textes y fassent référence.

L'article L. 112-2 du code du patrimoine, pour ce qui concerne la restitution des biens culturels, indique que pour faire l'objet d'une éventuelle restitution, le bien en cause doit notamment « *faire partie des collections publiques figurant sur les inventaires des musées, des archives et des fonds de conservation des bibliothèques* ».

Il ne s'agit ici que de la reprise des dispositions de la directive du 15 mars 1993 relative à la restitution des biens culturels [9] qui fait référence, dans le même cadre aux :

« [...] *collections publiques figurant sur les inventaires des musées, des archives et des fonds de conservation des bibliothèques* [...] ».

Et le texte précisant :

« [...] *Aux fins de la présente directive, on entend par "collection publique" les collections qui sont la propriété d'un État membre, d'une autorité locale ou régionale dans un État membre, ou d'une institution située sur le territoire d'un État membre et classées publiques conformément à la législation de cet État membre, à la condition qu'une telle institution soit la propriété de cet État membre ou d'une autorité locale ou régionale, ou qu'elle soit financée de façon significative par celui-ci ou l'une ou l'autre autorité* [...] ».

---

[8] Article L. 410-1 du code du patrimoine.

[9] Directive 93/7/CEE du Conseil du 15 mars 1993 relative à la restitution de biens culturels ayant quitté illicitement le territoire d'un État membre, *JOCE*, 27 mars 1993, n° L.74/74.

La directive mentionne aussi les « *inventaires des institutions ecclésiastiques* », sans faire référence à la notion de collection, mais on peut estimer qu'il s'agit là aussi de collections, même si la finalité de la conservation n'est pas identique à celle qui prévaut pour une institution muséale [10].

La liste des catégories communes qui figure en annexe à la directive précitée, comme au règlement concernant l'exportation de biens culturels du 9 décembre 1992 [11] fait référence sans plus de précision aux « *collections archéologiques* » au point A.1, au point A.12.a aux « *collections et spécimens provenant de collections de zoologie, de botanique, de minéralogie ou d'anatomie* » et au point A.12.b aux « *collections présentant un intérêt historique, paléontologique, ethnographique ou numismatique* ».

Une note destinée à préciser ce dernier point indique néanmoins qu'il faut entendre les collections « *telles que définies par la Cour de justice dans son arrêt 252/84, comme suit : « Les objets pour collection au sens de la position 99.05 du tarif douanier commun sont ceux qui présentent les qualités requises pour être admis au sein d'une collection, c'est-à-dire les objets qui sont relativement rares, ne sont pas normalement utilisés conformément à leur destination initiale, font l'objet de transactions spéciales en dehors du commerce habituel des objets similaires utilisables et ont une valeur élevée* ».

La convention d'Unidroit sur les biens culturels volés ou illicitement exportés de 1995 indique quant à elle :

« *Par "collection publique" au sens de la présente Convention, on entend tout ensemble de biens culturels inventoriés ou autrement identifiés appartenant à :*

a) un État contractant ;

b) une collectivité régionale ou locale d'un État contractant ;

c) une institution religieuse située dans un État contractant ; ou

d) une institution établie à des fins essentiellement culturelles, pédagogiques ou scientifiques dans un État contractant et reconnue dans cet État comme étant d'intérêt public ».

Cet ensemble d'approches ne nous permet pas de disposer d'une définition précise de la notion de collection, même si on pourra retenir que la présence des biens en cause sur un *inventaire* puisse être un indice de leur réunion dans une collection.

Quoi qu'il en soit, la notion même n'est pas définie.

Si on se réfère aux dictionnaires usuels, on peut noter que *Le Petit Robert* définit la collection comme « *la réunion d'objets ayant un intérêt esthétique, scienti-*

---

[10] Même si on peut trouver des musées insérés dans des structures ecclésiastiques, ce qui fait se rejoindre les notions.

[11] Règlement (CEE) n° 3911/92 du 9 décembre 1992 concernant l'exportation de biens culturels, *JOCE*, 31 décembre 1992, n° L 395/1.

fique, historique, géographique, une valeur provenant de leur rareté, ou rassemblés par goût de l'accumulation ».

Pour *Littré*, la collection est un « *assemblage d'objets d'art ou de science* ».

On retiendra donc qu'il faut considérer la collection comme une réunion d'objets selon une problématique spécifique ou tout simplement selon le goût de celui qui la met en place (ce qui relève aussi d'une problématique spécifique…).

Pour le juriste en tout cas, il faut considérer qu'il appartiendra aux tribunaux, dans l'hypothèse où la contestation de l'application d'un régime juridique porterait sur l'identification de la collection, de dire le droit et d'apporter tout éclaircissement utile.

Pour autant la présentation de la problématique doit encore être explicitée, car parmi les collections, et pour ce qui concerne aujourd'hui les collections des musées, les professionnels ont tendance à distinguer les collections permanentes ou *patrimoniales* de ce qu'il est convenu d'appeler des *collections d'étude* au statut mal déterminé, tout au moins du point de vue scientifique (car nous verrons que d'un point de vue strictement juridique, les incertitudes pourront être largement cantonnées).

Quelle peut donc être l'approche que l'on peut avoir de cette notion de collection d'étude ?

Pour Bénédicte Rolland-Villemot [12], « *par collection d'étude, on entend un ensemble d'objets résultant d'une collecte organisée dans une intention de recherche ou de prospection et conservés à des fins d'étude, de publication ou d'exposition temporaire. Il faut distinguer ces collections de la collection de référence inscrite sur l'inventaire des musée* ».

Madame Rolland-Villemot ajoute que « *les collections dont on ne connaît pas l'intérêt futur sont à proprement parler des collections d'étude* ».

Marie-Hélène Joly [13] indique que l'Inspection générale des musées « […] *part d'un postulat simple : les collections "dites d'étude" sont toutes celles qui n'ont pas vocation à être conservées sans limitation de temps et ne sont en général pas inscrites sur l'inventaire du musée, et se distinguent ainsi des collections "permanentes" du musée.*

Ces collections d'étude se caractérisent souvent (quoique pas toujours) par leur masse (ensemble et séries qui ne sont pas toujours couverts par un répertoire permettant de les identifier correctement). Leur traitement est donc malaisé. […] ».

---

[12] « Le traitement des collections industrielles et techniques, de la connaissance à la diffusion », *in La lettre de l'OCIM*, n° 73, 2001, p. 13 et ss.

[13] « Collections d'étude, collections annexes ? Pratiques actuelles » *in Musées et collections publiques de France*, n° 241, 2004/1, p. 7 et ss.

Cet auteur fait également référence à une autre notion, celle des « collections annexes », il s'agirait « *des objets originaux aliénables et renouvelables utilisés par le musée à d'autres fins que la conservation permanente, ainsi les objets utilisés pour l'animation pédagogique ou la scénographie, ou les pièces de rechange pour les machines. En général, il s'agit de doublons ou d'exemplaires en nombre, ou d'objets de moindre valeur* » [14].

La définition de la collection d'étude que propose Madame Marie-Hélène Joly est la suivante :

« *Par "collection d'étude" on entend un ensemble d'objets résultant d'une collecte organisée dans une intention de recherche ou de prospection et conservée à des fins d'étude, de publication ou d'exposition temporaire* [...] » [15].

L'auteur au sein de ces collections d'étude, distingue les « vraies collections d'étude » des « fausses collections ».

Les « vraies » collections d'étude, selon l'auteur, « *se distinguent par l'intention qui a présidé à leur entrée, c'est-à-dire l'étude* » [16].

Les « fausses » collections sont celles « plus erratiques », « *sans rapport avec le projet scientifique et culturel du musée, n'obéissant pas à une ligne directrice claire pour les acquisitions, et parfois dépourvues de répertoire permettant de les identifier* » [17].

Si on se réfère à ces indications de professionnels des musées, il conviendrait donc de retenir que parmi les biens qui font l'objet de l'intérêt de la structure muséale, tous ne seront pas dignes de faire partie des « collections », et cela pour plusieurs raisons.

En premier lieu parce qu'on ne connaîtrait pas précisément leur intérêt culturel (largement entendu, ce qui inclut l'intérêt public du point de vue de la science et de la technique), et qu'il faudrait donc, précisément, *étudier la question.*

En second lieu parce qu'on se trouverait en présence, dans un certain nombre de cas, d'une masse importante d'objets, avec des doublons et même plus, et que l'on se pose la question, légitime, de savoir s'il convient de tout conserver (compte tenu également du coût que cela engendre).

Que faut-il penser de tout cela ?

Il est à noter que les problématiques peuvent être quelque peu différentes, selon que l'on soit en présence de musées des *Beaux-Arts* ou de musées scientifiques ou d'histoire naturelle. Et cela dans la mesure où la notion

---

[14] « Collections d'étude, collections annexes ? Pratiques actuelles » *in Musées et collections publiques de France,* n° 241, 2004/1, p. 7 et ss.

[15] *Ibidem.*

[16] *Ibidem.*

[17] *Ibidem.*

d'unicité, et donc de rareté, qui serait *un* des éléments justifiant la conservation, serait plus facilement mise en évidence dans le premier cas.

À ce stade de notre raisonnement, mais nous y reviendrons, il convient de préciser immédiatement que la fonction du musée n'est pas simplement de conserver ce qui est unique, et en raison de cette rareté. Dans le cadre de ses objectifs, tels que définis notamment par les dispositions de l'article L. 410-1 du code du patrimoine, le musée a une mission générale d'assurer la *connaissance, l'éducation et le plaisir du public.*

Cela permet de souligner également que la mission du musée n'est pas non plus exclusivement d'assurer la présentation des collections au public, ce qui justifie que les *réserves* soient soumises au même statut que les biens exposés car, d'une part, elles pourront être exposées un jour, et doivent pour ce faire rester en mains publiques et, d'autre part, elles doivent pouvoir servir à approfondir la *connaissance,* donc elles doivent pouvoir être étudiées.

Un musée ne peut en effet n'être conçu, selon la volonté même du législateur, que comme un ensemble, c'est-à-dire comme un instrument de connaissance et d'éducation. Sa mission d'exposition au public n'est qu'un des multiples aspects de son objectif général qui est de faire avancer la connaissance, dans tous les domaines concernés. Aussi, un objet ne peut être isolé, il fait partie d'un moment de l'histoire, avec tout ce que cela implique d'information à recueillir. Il est à noter également qu'il faut garder constamment présent à l'esprit que l'étude d'un objet dépend des capacités techniques qu'offre l'époque à laquelle elle se déroule. Dans ces conditions, l'évolution constante des techniques peut permettre de mener des investigations qu'on ne pouvait mener, par exemple dix ans avant.

Dès lors, la mission de conservation des biens par le musée, et de l'appréciation de l'intérêt qu'il y a à conserver des objets détenus en de multiples exemplaires doit se faire à l'aune de cette considération.

Par ailleurs, selon le type de musée, les problématiques sont forcément différentes, en terme d'intérêt scientifique de détention d'un ou plusieurs exemplaires d'un bien.

La question se pose moins, *a priori* pour les musées des *Beaux-Arts*, où l'on aurait tendance à considérer que même s'il y a des œuvres mineures et des œuvres majeures, il est justement de l'intérêt de la connaissance que de les mettre en perspective et donc de les conserver *toutes* également. En outre se pose la difficulté du goût du moment où l'on se prononce. Certaines œuvres sont considérées comme mineures à une époque, et l'écoulement du temps fait que l'on révisera radicalement cette appréciation ensuite.

Il s'impose donc de conserver ces biens, en mains publiques, si l'on ne veut pas avoir de regrets, et avoir en outre, et ce n'est pas négligeable, à supporter des frais financiers importants pour pouvoir acquérir de nouveau lesdits objets.

Pour ce qui concerne par exemple les musées archéologiques, que l'on peut situer, en terme de catégorisation, entre les musées des *Beaux-Arts* et les musées proprement « scientifiques », avec toutes les réserves que la distinction impose, le critère de rareté ou d'unicité, s'il est pertinent, ne peut être l'unique fondement de l'intérêt muséal de conservation. Faut-il détenir une pluralité de tessons, ou en détruire une partie, est une vraie question. La réponse résulte pour partie dans le fait de savoir si, par exemple en l'état des techniques, on a pu en extraire toutes les informations utiles.

Par ailleurs, c'est la réunion d'éléments qui permet de mieux appréhender le contexte et donner aux nouveaux chercheurs la possibilité de trouver d'autres lectures, par exemple.

Pour les collections « plus scientifiques », botaniques, d'objets industriels et/techniques, spécimens vivants, les problématiques sont encore différentes. On se trouve souvent aussi, dans ce cadre, face à un matériel vivant que l'on doit étudier, et parfois détruire pour accomplir précisément cette mission d'étude. Si on détruit, on ne conserve plus, c'est l'évidence, et c'est aussi contraire à la mission première du musée qui est la conservation.

Peut-on admettre qu'un musée puisse détruire pour étudier ? Sans doute, mais alors dans des hypothèses extrêmement limitées et encadrées scientifiquement, la mission fondamentale du musée étant de conserver.

La vraie question est sans doute ici celle de savoir ce qui doit rester cantonné *exclusivement* à l'étude *stricto sensu* avec tout ce que cela implique quant aux atteintes possibles à l'intégrité du bien, donc à sa bonne conservation.

Il faut donc déterminer quels sont les biens qui doivent entrer dans la sphère du musée, **par une appropriation publique**, et bénéficier immanquablement d'un statut de protection interdisant notamment qu'on s'en sépare ou qu'on porte atteinte à leur intégrité, et ceux qui sont en quelque sorte de *libre parcours*, et que les chercheurs doivent pouvoir utiliser librement, jusqu'à les détruire si nécessaire.

Il nous faut à ce stade de la réflexion faire des propositions de solutions, qui ne devront en aucun cas être considérées comme des vérités révélées, c'est donc dire que le débat devra rester largement ouvert.

Le juriste a en effet besoin du maximum de certitudes qu'il doit être en mesure d'apporter au citoyen qui doit prendre une décision légale car il s'agit ici d'assurer un maximum de sécurité juridique.

En l'espèce, force est de constater que la difficulté vient de cette « *zone grise* » dans laquelle le bien n'a pas de statut déterminé.

Pour de multiples raisons, que l'on va expliciter ensuite, il conviendra, autant que faire se peut, d'éliminer ces zones d'incertitudes.

Plutôt que de se poser la question de savoir si les biens qui sont en mains muséales, c'est-à-dire propriété de l'institution [18], doivent être soumis à un statut différencié, selon leur usage, il nous paraît préférable de nous prononcer en faveur **d'une unité du statut de ces biens**.

La question première sera celle de savoir ce qui va entrer dans le patrimoine du musée par transfert de propriété.

Dans ce cadre, plusieurs critères d'aide à la décision peuvent être mis en place.

La rareté du bien, qui constitue l'élément le plus aisé à mettre en œuvre.

Vient ensuite l'intérêt public du bien, et l'on entre alors dans un espace de subjectivité relative, qu'on pourra dépasser néanmoins.

En effet, si on conjugue rareté et ancienneté, on pourra éliminer un certain nombre d'objets. Cela n'exclut pas bien évidemment une appréciation, mais les professionnels des institutions muséales ont toutes les compétences pour la mettre en œuvre

Mais une fois que le bien est propriété d'une institution muséale, son statut ne pourra souffrir d'incertitudes.

- D'une part, parce que le droit applicable ne fait aucune distinction : les collections des musées propriété d'une personne publique font tout simplement partie du domaine public nous indique le point 8° de l'article L. 2112-1 du CGPPP, sans aucune autre forme de distinction.

En outre, les collections des *musées de France*, appartenant à une personne publique, voient leur domanialité publique de nouveau affirmée par les dispositions de l'article L. 451-5 du code du patrimoine.

On se doit donc dans ces hypothèses d'appliquer la loi.

Et le législateur n'a en effet prévu aucune procédure de classement, qui serait d'ailleurs antinomique de l'esprit de la domanialité publique qui résulte de la seule affectation à l'intérêt général, plus ou moins caractérisée, sans qu'il y ait besoin d'un acte formel, qui interviendra peut-être ensuite, mais qui ne sera que purement *déclaratif*.

---

[18] En l'espèce propriété d'une personne publique.

- D'autre part parce qu'introduire un élément d'incertitude sur le statut des biens qui sont en mains muséales [19] conduira immanquablement à fragiliser la protection [20] dont doit bénéficier, avec certitude, leur plus grand nombre.

Nous proposons donc une démarche pragmatique consistant à indiquer que tout bien qui entre dans le musée (par transfert de propriété au profit de l'institution) sera soumis par précaution, et parce que, encore une fois, les textes le prévoient, au régime de la domanialité publique.

Sur ce point, il convient d'indiquer que l'inscription ou non sur un inventaire est dépourvue de toute valeur opératoire en terme de présence de la domanialité publique. D'une part, parce que les inventaires ne sont pas forcément exhaustifs, d'autre part surtout, parce que seule compte la réalité de l'affectation à l'utilité publique, ici muséale, ou du point de vue de la science et de la technique.

Comme nous l'avons déjà indiqué et en application du droit commun de la domanialité publique, c'est seule l'affectation, donc un fait juridique, qui entraîne l'entrée du bien dans le domaine public. Tout acte juridique subséquent ne constitue qu'une *constatation* de ladite affectation [21].

Néanmoins, l'application de ce régime n'interdit pas que l'on puisse réfléchir à la mise en place de modes de gestion de la sortie éventuelle des biens qui seraient plus ou moins souples, mais en tout cas encadrés, afin que toujours l'intérêt général soit protégé.

Ces procédures existent pour les collections labellisées *musées de France* et elles sont contenues aux articles L. 451-5 et suivants du code du patrimoine [22].

On peut imaginer de concevoir d'autres procédures, adaptées aux types de collections, et particulièrement aux collections scientifiques.

La voie de la réflexion est ouverte, mais ce qui est certain c'est qu'il s'imposera de mettre en place un encadrement des conditions de sortie des biens du domaine, qui visent à veiller à ce que l'intérêt muséal à savoir celui de la présentation au public, mais également celui de la connaissance, qui passe par *l'étude*, soit toujours préservé.

Pour ce qui concerne maintenant les établissements mixtes, à savoir ceux qui ont un département de recherche *stricto sensu* et un département muséal,

---

[19] Au sens qu'il sera propriété d'une institution muséale.

[20] Avec notamment l'inaliénabilité et l'imprescriptibilité.

[21] En ce sens également P.-L. Frier, *in* « Le statut juridique des collections d'études », *Musées et collections publiques de France*, n° 241, 2004/1.

[22] Précisées par le décret d'application n° 2002-628 du 25 avril 2002.

il conviendra précisément de connaître, pour se prononcer sur le statut du bien, dans quel secteur il sera utilisé. S'il entre dans la « partie » musée, on lui fera immanquablement application du régime de la domanialité publique, sinon il restera de libre parcours dans l'autre hypothèse. Dans ce cas, si on se trouve en présence d'une personne morale **unique**, on aura des difficultés à mettre en œuvre le critère de la propriété, puisqu'il ne permettra pas de distinguer le bien du musée de celui de l'établissement **scientifique de recherche.**

On le voit, la problématique est complexe, et n'appelle pas de solutions tranchées, sauf à considérer en l'état du droit applicable que les collections, quelle que soit leur nature, si elles entrent dans le patrimoine d'un musée (propriété d'une personne publique) ou d'un *musée de France* (propriété d'une personne publique), par transfert de propriété, doivent être soumises au régime juridique de la domanialité publique.

Ce régime permet des déclassements [23], et n'interdit pas quoi qu'il en soit de mener des réflexions quant à la prise de dispositions venant préciser le droit applicable.

En effet, si le législateur s'est préoccupé, dans sa démarche de codification, d'affirmer l'existence du domaine public mobilier, de nombreuses zones d'ombres sont présentes, qu'il conviendra impérativement d'éclairer si on veut disposer d'un arsenal de protection efficace et pragmatique en vue d'assurer la défense de l'intérêt général culturel, partie intégrante de l'intérêt général.

III – Le statut des biens situés dans des musées

Parmi les biens qui sont situés dans un musée, il faut distinguer ceux qui sont dans des musées « ordinaires » de ceux qui bénéficient du label *musées de France.*

Dans les deux cas, la structure doit correspondre à la définition du musée donnée par l'article L. 410-1 du code du patrimoine, à savoir « *toute collection permanente composée de biens dont la conservation et la présentation revêtent un intérêt public en vue de la connaissance et du plaisir public* ».

A – Le statut des biens des musées « ordinaires »

Ces biens, s'ils sont propriété d'une personne publique, feront partie **du domaine public** en application des dispositions de l'article L. 2112-1, 8° du CGPPP.

---

[23] Donc des sorties du bien du domaine public.

B – Le statut des biens « musées de France »

Parmi les établissements qui sont des musées, au sens du code du patrimoine précité, **certains bénéficieront d'un régime spécifique**, à savoir les *musées de France.*

Cette appellation « *peut être accordée aux musées appartenant à l'État, à une autre personne morale de droit public ou à une personne morale de droit privé à but non lucratif* » [24].

Les biens figurant dans une collection appartenant à un musée de France sont imprescriptibles, mais pour le reste leur statut sera variable selon qu'ils sont propriété publique ou qu'ils sont propriété privée.

- S'ils sont propriété publique les biens de l'établissement ayant le label *musées de France,* se verront appliquer les dispositions de l'article L. 451-5 du code du patrimoine qui indiquent :

« *Les biens constituant les collections des musées de France appartenant à une personne publique* ***font partie de son domaine public*** [25] ***et sont, à ce titre inaliénables.*** [...] ».

Il était superfétatoire de préciser que les biens des *musées de France* appartenant à une personne publique font partie de son domaine public, et cela en l'état des dispositions de l'article L. 2112-1 du CGPPP qui indiquent expressément que les collections musées font partie de ce domaine, si elles sont propriété publique. Mais cela s'explique sans doute par le fait que la codification du droit des propriétés publiques est intervenue postérieurement à celle de la *loi musées* dans ses dispositions contenues dans le code du patrimoine.

- S'ils sont propriété privée, les biens peuvent être aliénés, mais certains d'entre eux voient les droits de cession de leurs propriétaires très encadrés [26], en application des dispositions de l'article L. 451-10 du code du patrimoine qui indiquent :

« *Les biens des collections des musées de France appartenant aux personnes morales de droit privé à but non lucratif* ***acquis par dons et legs*** [27] *ou* ***avec le concours de l'État*** [28] *ou* ***d'une collectivité territoriale*** [29] *ne peuvent être cédés, à titre gratuit ou onéreux, qu'aux personnes publiques ou aux personnes morales de droit privé à but non lucratif qui se sont engagées, au préalable, à maintenir l'affectation de ces*

[24] Article L. 441-1 du code du patrimoine.
[25] C'est nous qui soulignons.
[26] Allant jusqu'à l'inaliénabilité dans certaines hypothèses, comme on le verra.
[27] C'est nous qui soulignons.
[28] C'est nous qui soulignons.
[29] C'est nous qui soulignons.

biens à un musée de France. La cession ne peut intervenir qu'après approbation de l'autorité administrative après avis du Haut Conseil des musées de France ».

IV – La sortie du domaine public

Les biens qui font partie du domaine public, par l'effet conjugué du CGPPP et du code du patrimoine sont donc inaliénables et imprescriptibles, ce qui signifie que dès que le bien en cause est soumis à ce statut, son propriétaire, forcément public, ne peut s'en séparer.

Le droit applicable avant l'entrée en vigueur du code général de la propriété des personnes publiques – indistinctement aux biens meubles et immeubles – permettait néanmoins la sortie du domaine des biens qui n'étaient plus affectés à l'utilité publique. Même s'il fallait impérativement qu'intervienne un acte formel de déclassement, dont la validité était subordonnée à la réalité de la désaffectation. Dès lors, c'était l'usage qui était fait du bien qui conditionnait son régime juridique, son entrée dans le domaine public intervenant *de facto* par cet usage, sans nécessité d'un quelconque acte juridique. L'acte juridique de déclassement n'était alors que la constatation du changement d'affectation.

On en comprend la motivation, un acte formel est nécessaire pour permettre la sortie du bien du domaine public, en revanche, son entrée ne nécessite aucun formalisme particulier. Il s'agit donc d'éviter toute sortie intempestive et à la sauvette d'un bien du domaine public, ce qui aurait pour conséquence de le priver du régime de protection qui est associé à la domanialité.

Dès lors, l'esprit de notre droit est celui de considérer qu'il vaut mieux finalement que des biens soient soumis à un régime juridique, alors que ce n'est peut-être pas forcément nécessaire, plutôt que de courir le risque de voir privé de protection, pour les motifs les plus divers et variés, un bien qui le mériterait.

Aujourd'hui les dispositions du CGPPP ont maintenu ces précisions pour le patrimoine immobilier, pour lequel on réaffirme expressément que son entrée dans le domaine n'est subordonnée à aucun acte juridique en indiquant « *s'il n'en est disposé autrement par la loi, tout acte de classement ou d'incorporation d'un bien dans le domaine public n'a d'autre effet que de constater l'appartenance de ce bien au domaine public* » [30].

Par ailleurs, on confirme le droit antérieur sur la sortie du bien du domaine qui nécessite par contre, quant à elle un acte juridique, en indiquant :

---

[30] Article L. 2111-3 du code général de la propriété des personnes publiques.

« *Un bien d'une personne publique mentionnée à l'article L. 1, qui n'est plus affecté à un service public ou à l'usage direct du public, ne fait plus partie du domaine public à compter de l'intervention de l'acte administratif constatant son déclassement* » [31].

Cette disposition, bien que figurant dans le titre IV du code général de la propriété des personnes publiques intitulé « sortie des biens du domaine public », donc d'application *a priori* générale pour l'ensemble des biens du domaine, pourrait être interprétée *stricto sensu* que comme ne concernant les **seuls** immeubles, dans la mesure où les conditions d'affectation qui concrétisent l'entrée dans le domaine public, et qui sont visées quant à leur disparition sont celles de la définition du domaine public **immobilier** [32].

S'agissant de ce domaine public mobilier, il ne serait donc pas prévu expressément, **dans le code lui-même** de possibilités de sortie du bien du domaine, avec les procédures idoines les accompagnant.

Il convient néanmoins d'affiner notre analyse.

Comme nous l'avons déjà indiqué, l'article L. 2112-1 du CGPPP qui définit ce domaine mobilier, commence par apporter une définition générale, qu'il met en œuvre ensuite pour un certain nombre de biens qui, le plus souvent, voient leur statut réglementé par les dispositions du code du patrimoine.

- Pour ce qui concerne les biens visés par la définition générale, à savoir celle qui met en place le critère de l'intérêt public du bien, de différents points de vue, on peut estimer, à l'instar de ce qu'était le droit applicable avant la codification que, pour ces biens « *innommés* », la disparition de cet intérêt fait disparaître la domanialité publique. Mais que néanmoins un acte exprès de déclassement doit intervenir pour constater la situation et, accessoirement, permettre au juge de vérifier qu'elle est bien conforme à la réalité.

Une lecture globale du code général de la propriété des personnes publiques impose, conformément à l'esprit de la réglementation, de considérer que l'acte exprès de déclassement est obligatoire.

En effet, l'article L. 1 du CGPPP indique que « *le présent code s'applique aux biens et aux droits, à caractère mobilier ou immobilier, appartenant à l'État, aux collectivités territoriales et à leurs groupements, ainsi qu'aux établissements publics* ». **Il n'est donc fait aucune distinction entre les meubles et les immeubles dans cette disposition.**

---

[31] Article L. 2141-1 du CGPPP.

[32] Affectation à l'usage direct du public ou à un service public.

En outre, le titre IV relatif à la « sortie des biens du domaine public » est situé dans la partie II « Gestion » **et concerne aussi bien les meubles que les immeubles**.

C'est ainsi que l'article L. 2141-1 du CGPPP, le premier du chapitre 1er dudit titre posant les « règles générales », indique expressément :

« *Un bien d'une personne publique mentionnée l'article L. 1* [33] *qui n'est plus affecté à un service public ou à l'usage direct du public, ne fait plus partie du domaine public à compter de l'intervention de l'acte administratif constatant son déclassement* ».

On ne peut donc que considérer que les biens qui présentent un intérêt public du point de vue de l'histoire, de l'art, de l'archéologie, de la science ou de la technique participent d'une vision du service public, *lato sensu*.

Il serait néanmoins souhaitable que cette restriction dans la qualification de l'affectation, s'agissant du déclassement, soit supprimée dans l'avenir, pour assurer une meilleure cohérence du droit applicable en étant conforme à l'esprit général de la législation sur ce point.

Contrairement à ce qui se produit habituellement, on n'applique pas pour la sortie du domaine public, dans le souci de protéger l'intérêt général, le principe du parallélisme des formes et on exige un acte formel de déclassement, comme déjà précisé.

- Pour ce qui concerne maintenant les différentes catégories figurant aux points 1 à 11 de cet article L. 2112-1 du CGPPP, la situation est quelque peu différente.

En effet, comme on l'a déjà indiqué, certains des biens visés voient leur situation plus complètement appréhendée par le code du patrimoine. Il en va ainsi, par exemple, des archives, des biens culturels maritimes, des biens archéologiques, et également des collections des musées, avec de fortes spécificités pour ceux labellisés *musées de France*.

Pour les biens des musées de France [34], le code du patrimoine prévoit expressément une possibilité de sortie du domaine public dans son article L. 451-5 : « [...] *toute décision de déclassement d'un de ces biens ne peut être prise*

---

[33] Donc qui peut être meuble comme immeuble.

[34] On notera que sont devenus d'office musées de France, avec toutes les conséquences juridiques que cela entraîne, telles que contenues dans le code du patrimoine, à compter du 5 janvier 2002, les musées nationaux, les musées classés en application des lois et règlements en vigueur antérieurement à cette même date, et les musées de l'État, dont le statut est fixé par décret (article L. 442-2 du code du patrimoine). Il en ressort que les musées les plus importants sont soumis au régime juridique impliqué par le label. Pour les autres musées qui seraient propriété publique sans être donc labellisés, leurs collections font partie du domaine public, mais il n'y a pas pour elles de procédures organisées de déclassement. On retomberait dans le droit commun auquel on a fait référence concernant la définition générale de l'article L. 2112-1 du CGPPP.

qu'après avis conforme d'une commission scientifique dont la composition et les modalités de fonctionnement sont fixées par décret » [35].

Il convient de noter qu'à ce jour et à notre connaissance la mise en œuvre de cette procédure n'est jamais intervenue.

L'état du droit est donc le suivant :

— Pour ce qui concerne les biens innommés ou plutôt répondant aux critères de la définition générique, à savoir ceux qui sont entrés dans le domaine public parce qu'était présent un intérêt public du point de vue de l'histoire, de l'art, de l'archéologie, de la science ou de la technique, la sortie du domaine public ne fait pas l'objet de procédures particulières, sauf que doit être réelle la disparition de l'intérêt public visé, et que doit obligatoirement intervenir, à notre sens, un acte exprès de déclassement.

— Pour les biens figurant sur la liste de l'article L. 2112-1, dans ses points 1 à 11, il faut se référer aux dispositions particulières qui figurent dans d'autres textes que le CGPPP, à savoir, par exemple pour les collections des musées labellisées *musées de France*, le code du patrimoine [36].

Mais qu'en cas de silence sur ce point dans des textes particuliers, un acte exprès de déclassement devra être également exigé, à notre sens, préalablement à toute sortie d'un bien de la sphère protectrice de la domanialité publique.

En conclusion, on peut indiquer que la problématique générale des collections scientifiques n'est spécifique qu'à la marge s'agissant de la question de la domanialité publique.

Si le bien est utilisé dans le cadre d'une institution muséographique, et s'il répond aux conditions de ladite domanialité, telles qu'elles viennent d'être décrites, il n'apparaît pas opportun, car ce serait préjudiciable à l'intérêt général, de le soumettre à des régimes différenciés, distincts de celui de la domanialité publique.

C'est donc ce principe d'unité du régime juridique qui doit prévaloir pour assurer la meilleure protection possible de ces biens.

---

[35] Le décret n° 2002-628 du 25 avril 2002 pris pour l'application de la loi n° 2000-5 du 4 janvier 2002 relative aux musées de France est donc intervenu à cette fin *in Légifrance*.

[36] Pour ce qui concerne les collections des musées non labellisés *musées de France,* le déclassement resterait régi par le droit commun.

Archives objets, archives d'objets, les points de friction

JACQUES MAIGRET *

Conservateur en chef, Musée des arts et métiers

Depuis plus de 200 ans, le Musée des arts et métiers (Mam) collecte et conserve « des instruments, des machines et des outils ». Le Conservatoire a « hérité » d'une collection réunie par Vaucanson dès 1746 dans l'hôtel de Mortagne qu'il lègue à l'État lors de sa mort en 1782. Dans l'esprit de cet « ingénieur, mécanicien » de génie, l'association de ces machines et prototypes en un même lieu constituait un « *véritable catalogue en trois dimensions de l'innovation technique* ». L'année suivante, en 1783, le Comité des finances suggère à Louis XVI d'en faire « *un dépôt public... qui instruirait et encouragerait ceux qui se sentent du goût et du talent pour l'invention de machines nouvelles* ». Dix ans plus tard, dans l'acte de création du Conservatoire des arts et métiers, l'abbé Grégoire pose les bases de la philosophie qui doit animer ce nouvel établissement, le Conservatoire des arts et métiers sera : « *plutôt qu'une collection jalouse de ses merveilles doit se révéler un carrefour de savoirs et permettre à l'artisan qui n'a vu que son atelier de sortir de l'isolement* » (Grégoire, 1794).

Dès cette époque, la vocation du Conservatoire est claire, la collection n'est déjà qu'un prétexte. Il s'agit, même si le terme n'est pas employé, d'archiver les connaissances techniques de l'innovation afin de servir la formation, l'épanouissement du peuple par l'observation et la comparaison. Les objets conservés à cette période répondent aux idées de l'*Encyclopédie* publiée quelques années plus tôt.

La problématique qui nous occupe aujourd'hui était déjà la préoccupation du Conservatoire. Longtemps signifiant par lui-même, l'objet a constitué la richesse et la fierté des musées qui les accumulaient et les donnaient à

* jacques.maigret47@orange.fr

voir dans des salles transformées en réserves ouvertes au public. Durant cette période, la découverte de l'objet suffisait à la connaissance, le public s'en contentait et les musées n'éprouvaient pas le besoin de fournir d'explications.

Aujourd'hui, le musée d'objets est devenu musée d'idées, bouleversant fondamentalement les rapports avec la collection et sa conservation. Il n'est plus envisageable de simplement accumuler des objets. Une collection se constitue aussi avec la documentation qui permettra de comprendre et d'expliquer l'objet.

1 – Les archives d'objets ou plus précisément les archives des objets

1.1 – Les dossiers d'œuvres

Dans le cas du Mam chaque objet de la collection est accompagné d'un « Dossier d'œuvre » (DO). Enregistré sous le même numéro d'inventaire, il fait partie intégrante de l'objet et doit être conservé avec lui avec les mêmes soins et précautions – malheureusement cela n'a pas toujours été le cas au Cnam, en fonction des aléas historiques, certains documents ont été conservés dans d'autres services du Cnam (Bibliothèque centrale ou CDHT). Constitués au fil du temps, ces DO ont des origines différentes et aussi des valeurs différentes suivant leur nature. On y trouve :

— une documentation administrative :

- le dossier d'acquisition constitué pour la présentation à la Commission des collections (depuis 2005) ;
- lettres de don, factures d'achat - il s'agit souvent de correspondances, quelquefois manuscrites ;
- documents officiels, actes notariés, décision d'affectation...

— une documentation technique :

- notice et mode d'emploi relatifs à l'objet ;
- documentation et articles scientifiques ou techniques ;
- photos, cartes postales de l'objet ou relatives à son utilisation.

— des documents relatifs à la vie de l'objet dans la collection :

- dossiers de restauration ;
- dossiers de prêts pour des expositions ou pour toute utilisation.

Les DO sont sous la responsabilité scientifique des chargés de collection et gérés par le service de l'inventaire comme les objets avec l'aide technique des documentalistes du musée.

1.2 – Quelles sont les questions posées par ces DO ?

Parmi les documents administratifs, on trouve souvent des lettres manuscrites de personnalités ou de savants. Leur intérêt historique les fait revendiquer par le service des archives du musée alors que la collection d'objets privilégie les informations contenues dans le document.

Les dossiers documentaires conservés au centre de documentation, ou les notices établies par les démonstrateurs n'ont pas été intégrés dans les DO.

Les dossiers de prêts aux expositions, souvent volumineux et concernant plusieurs objets simultanément, ne sont pas conservés avec les DO mais classés à part.

Les rapports de restauration antérieurs à 2006 ne sont pas intégrés aux DO.

De plus en plus nous demandons que les objets arrivant au musée soient accompagnés du maximum de documentation. Certains de ces objets, par exemple le microscope électronique ou le calculateur analogique Matra, arrivent avec plusieurs caisses de documents très techniques, accessibles aux seuls spécialistes. Il n'est pas question de les intégrer aux DO tels qu'ils sont actuellement conçus. Que doit-on en faire ?

Il est souvent difficile de faire la part entre ce qui relève du domaine de la documentation et du dossier d'œuvre : un article scientifique doit-t-il être conservé avec l'objet ou au centre de documentation ?

La nouvelle base de données TMS va permettre d'intégrer et d'établir des liens plus importants permettant de résoudre un certain nombre de nos difficultés. La numérisation, qui est programmée pour la fin 2008, devrait résoudre ces problèmes car ce qui est important pour l'objet c'est essentiellement l'information contenue plus que le document lui-même. Rien n'empêchera donc que le service des archives récupère les documents qu'il revendique !

2 – Les archives objets de collection

À plusieurs reprises, le Musée des arts et métiers a acquis, soit par achat, soit par don ou collecte, des fonds d'archives. Le statut de ces fonds n'est pas clair au sein du musée. Il s'agit généralement de fonds techniques qui ne sont pas considérés comme archives au sens où l'entendent les services officiels. Je citerai plusieurs exemples qui constituent chacun des cas particuliers.

Le fonds Chauvin, acquis en 2000 pour la somme de 10 000 francs auprès de la société Chauvin spécialisée en mécanographie. Ce fonds est actuellement en cours de tri par les documentalistes du musée. Il comprend :

- des ouvrages, triés et proposés à la bibliothèque centrale mais toujours conservés aux réserves,
- des revues techniques destinées au centre de documentation du musée,
- des archives administratives de la société – qui, à mon avis, n'ont pas vocation à être conservées au musée,
- de la documentation technique.

Les fonds des catalogues d'instruments scientifiques avec une part ancienne achetée et une part plus récente collectée dans le cadre du Programme de sauvegarde du patrimoine contemporain. Le tri de ces fonds est en cours de traitement, la part la plus ancienne est en partie numérisée dans le cadre du Cnam. Il est considéré comme un fonds documentaire et inventorié au centre de documentation.

Un exemple, « le fonds Teyssou machines », proposé au Mam en 2005 par une société de La Plaine Saint Denis qui cessait ses activités. Cette société avait développé ses activités dans l'achat, la remise en état et la revente de machines outils dans le monde entier. Afin de mener à bien ses activités, elle avait accumulé une documentation technique exhaustive représentant cinquante ans d'histoire de la machine outil dans le monde. Le directeur, M. Chambre, a fait don au Mam de cinq machines outils et nous a proposé de prendre ce fonds d'archives techniques qui dépasse très largement le cadre des objets donnés. À l'époque, ce fonds a été proposé aux Archives du monde du travail de Roubaix qui a refusé. Les archives départementales de Seine-Saint-Denis contactées ont d'abord accepté puis deux semaines avant le déménagement, elles se sont récusées. Devant ce refus, nous avons décidé de les rapatrier aux réserves dans l'espoir d'une solution. La solution ne venant pas, elles ont été triées par une archiviste embauchée temporairement pour huit mois. Inventorié comme archives dans une nouvelle série (NS), ce fonds n'a pas été intégré dans les collections du musée.

Le fonds Goupil est arrivé au musée avec un don important de machines lors de la fermeture de cette société d'informatique, emblématique de l'histoire de l'informatique nationale. Isabelle Astic, chargée des collections d'informatique, vient de débuter le tri de ce fonds et, pour le moment, aucune décision n'a été prise quant à son classement dans l'attente de connaître son contenu.

Le fonds Phillips – tubes cathodiques constitué de dossiers spécifiques pour chacun des 61 tubes entrés en collection et qui doivent sans hésitation entrer dans les DO. Par contre il comprend aussi une importante documentation générale sur la fabrication des tubes cathodiques – que doit devenir cette documentation qu'il est impossible de rattacher à un objet mais plutôt à un ensemble ? Faut-il créer un DO général en lien avec l'ensemble des numéros d'inventaire des tubes ou les verser au centre de documentation du musée ? La question est de choisir la solution qui les rendra le plus accessible pour la consultation par les chercheurs et le public.

3 – Conclusions

Voilà quelques exemples qui chacun ont dû être traité différemment avec des solutions qui ne me semblent pas satisfaisantes. Aucun de ces fonds d'archives n'a été intégré aux collections et n'a reçu un numéro d'inventaire. Ils ne sont donc pas considérés comme « collection musée de France » et ne sont donc pas protégés à ce titre. Ils ne sont pas non plus considérés comme « archives » au sens où l'entendent les Archives de France.

On peut donc se poser la question de savoir s'ils sont protégés et à quel titre.

Plus généralement, on peut se poser la question de savoir si les archives du musée sont protégées à partir du moment où elles ne sont pas inscrites à l'inventaire patrimonial des collections.

Je pense que chaque fonds devrait être traité comme un « objet de la collection » afin de rester en relation avec les objets, être présenté pour avis à la Commission des collections et se voir attribuer un numéro d'inventaire dans les collections et une inscription dans le registre des inventaires. Puis chaque fonds ferait l'objet d'un sous-inventaire particulier pris en charge par un archiviste.

En tout état de cause, je pense qu'une réflexion s'impose afin de définir une réelle politique d'archives au sein du musée. Cela ne sera possible que si s'instaure une étroite collaboration entre les divers services concernés : documentation, archives, collections et que si nous arrivons à élaborer une méthode cohérente de classement et d'inventaire établissant des liens réciproques entre les bases de données spécifiques de façon à satisfaire les utilisateurs : publics, chercheurs, scientifiques, collectionneurs. L'objectif de la conservation de ces documents est que l'information soit accessible le plus rapidement et le plus efficacement possible. La numérisation des documents et la nouvelle base d'inventaire TMS devraient faciliter la mise en œuvre de cette action.

Constitution des collections d'étude

Constitution des collections d'étude : les modèles du droit des archives

CHRISTINE NOUGARET
Conservateur général du patrimoine
Professeur à l'École nationale des chartes

En préambule, il convient de lever deux ambiguïtés qui pourraient naître de la lecture du titre de cette communication. Tout d'abord, la notion de collections d'étude n'existe pas dans le domaine des archives où le terme de « collections » est employé seul et désigne, de manière générique, l'ensemble des archives conservées dans les services d'archives, avec des utilités variées [1]. En second lieu, la notion de modèle employée ici ne doit pas être entendue au sens premier de canon absolu à imiter, mais plutôt comme une catégorie, avec ses caractéristiques propres, qui mérite d'être examinée à titre de comparaison, selon une approche que Pierre-Laurent Frier préconisait déjà en 2004 [2]. En effet, au sein des « objets de patrimoine », les archives présentent la particularité de bénéficier d'une législation précise et contraignante, en matière de constitution des collections ; l'ensemble des procédures d'enrichissement des collections est désigné par le terme de collecte : le livre 2 du code du patrimoine relatif aux archives [3] consacre un chapitre entier à la collecte des archives.

La principale disposition qui nous intéresse ici est le principe du versement obligatoire, dans les services d'archives de l'État et des collectivités

---

[1] Au singulier le terme collection désigne un « ensemble de documents de provenance diverse recueillis et accumulés en fonction de critères subjectifs : ce terme s'oppose à fonds » (Michel Duchein, « Glossaire », dans *La Pratique archivistique française*, Paris, Archives nationales, 1993, p. 586.).

[2] Pierre-Laurent Frier, « Le statut juridique des collections d'étude », dans *Musées et collections publique de France*, n° 241, 2004, p. 17.

[3] Code du patrimoine, Livre II, titre 1, chapitre 2 « Collecte, conservation et protection ». Ces dispositions issues de la loi n° 79-18 du 3 janvier 1979 sur les archives ont été modifiées par la loi n° 2008-696 du 15 juillet 2008 relative aux archives.

territoriales, des archives produites par les institutions et les personnes publiques. C'est donc la loi qui régit la politique de constitution des collections des services d'archives [4]. Cette obligation, née à la Révolution française, est profondément originale : on ne peut lui comparer, toute proportion gardée, que le dépôt légal [5].

On évoquera successivement les raisons de cette politique, qui tiennent à la nature même des archives ; la définition des archives et le régime très protecteur dont elles bénéficient ; enfin, les modalités de la collecte et du tri telles que les prévoit la loi.

Les archives, arsenal de l'administration

Pour comprendre l'inscription dans la loi du principe même de constitution des collections, il convient de rappeler la valeur attachée aux archives dès l'Ancien Régime. Éléments de preuve fondant les droits et obligations des personnes les détenant, outils de gestion, les archives servent au fonctionnement des institutions et à la défense des droits des individus. Leur conservation est nécessaire à des fins utilitaires et l'on comprend dans ces conditions que les rois, les seigneurs, les abbayes, les villes aient constitué leurs chartriers dès le Moyen Âge. À la veille de la Révolution, il existait dans Paris seul plus de 400 dépôts d'archives d'institutions publiques et privées [6]. En mettant à bas l'Ancien Régime, la Révolution a aussi bouleversé cette organisation en instituant la centralisation des archives ; le tri des archives pour séparer les documents à conserver de ceux à détruire, enfin la communication au public des archives de la Nation. Ces dispositions de la loi du 7 messidor an II (27 juin 1794) n'ont officiellement été abrogées qu'en 1979 et elles constituent donc symboliquement le socle de la politique archivistique en France.

Il est intéressant de voir ce que la loi de messidor a jugé bon de conserver : il s'agit, en l'occurrence, des documents pouvant servir au bon fonctionnement du nouveau pouvoir et de la nouvelle administration. À l'opposé, faisant table rase du passé, la loi de messidor a décidé de l'anéantissement immédiat des titres « féodaux » ; devaient échapper, toutefois, à la destruction les manuscrits utiles à l'histoire, aux sciences et aux arts qui furent confiés aux bibliothèques. Comme le constatait naguère Robert-

---

[4] À côté de cette collecte obligatoire, les services d'archives ont la possibilité d'acquérir des archives privées si leur intérêt historique est justifié. Voir : Christine Nougaret et Pascal Even dir., *Les archives privées*, Paris, La Documentation française, 2008 (Direction des Archives de France, Manuels et guides pratiques).

[5] Code du patrimoine, Livre I, titre 3, « Dépôt légal ».

[6] Henri Bordier, *Les archives de la France*, Paris, Dumoulin, 1855, p. 11.

Henri Bautier, en matière d'archivistique « *il n'y a nullement coupure entre le XVIIIe siècle et la Révolution et même l'Empire napoléonien* », puisque, comme tout au long de l'Ancien Régime, les archives sont d'abord et avant tout un arsenal de l'autorité avant que d'être le grenier ou le laboratoire de l'histoire [7].

Cette fonction première des archives se trouve encore renforcée, dès le début du XIXe siècle, par le versement dans les services d'archives des dossiers des nouveaux organes de gouvernement, au fur et à mesure de l'achèvement des affaires [8]. Aujourd'hui même, la fonction utilitaire des archives n'a pas disparu. Au contraire, puisque la loi affirme nettement que « *la conservation des archives est organisée dans l'**intérêt public*** » [9]. La notion d'intérêt public recouvre trois aspects déjà identifiés sous la Révolution, même si les critères de choix peuvent varier :

— les besoins de la gestion, ou utilité administrative ;

— la justification des droits des personnes physiques ou morales, publiques ou privées, ou utilité probatoire ;

— la documentation historique de la recherche, ou utilité patrimoniale.

Corollaire de cet intérêt public, la loi organise un accès aux archives, libre et égal pour tous, dans le respect des secrets protégés [10].

Des archives à la définition très large et au statut très protecteur

Outils de bon gouvernement, garants des droits des citoyens dans une société démocratique et porteurs de la mémoire nationale, les archives sont un enjeu de pouvoir pour l'État. Il importe donc de les circonscrire nettement, ce à quoi s'attache, pour la première fois dans notre droit, la loi de 1979 sur les archives.

L'article 1 de la loi, repris par le code du patrimoine, affirme ainsi que « *les archives sont l'ensemble des documents, quels que soient leur date, leur lieu de conservation, leur forme et leur support, produits ou reçus par toute personne physique ou morale et par tout service ou organisme public ou privé dans l'exercice de leur activité* [11] ».

---

[7] Robert-Henri Bautier, « La phase cruciale de l'histoire des archives : la constitution des dépôts d'archives et la naissance de l'archivistique (XVIe-début du XIXe siècle) », dans *Archivum*, 1968, n ° 18, p. 139-149.

[8] Voir l'introduction de Charles-Victor Langlois à *l'État sommaire des versements faits aux Archives nationales par les ministères et les administrations qui en dépendent* (séries F, BB Justice et AD XIX), Paris, 1924-1962, 5 vol.

[9] C'est moi qui souligne. Code du patrimoine, art. L. 211-2.

[10] *Ibidem*, livre II, titre 1, chapitre 3 « Régime de communication ».

[11] *Ibidem*, art. L. 211-1.

Contrairement au lieu commun qui assimile archives et vieux papiers, la loi reconnaît le caractère d'archives à toute la production documentaire des institutions et des personnes publiques ou privées dans le cours naturel de leurs activités, sans aucun critère de date, de forme ou de support. Un document est donc archive dès sa création et quelle que soit sa destinée finale, conservation ou destruction.

Cette définition très large des archives, la plus large existant à ce jour dans le monde, peut s'appliquer à différents contextes – institutions publiques, administrations, entreprises, particuliers, groupements de toutes sortes (familles, associations, syndicats, partis politiques, cultes...). Néanmoins, compte tenu de la notion d'intérêt public, la loi encadre strictement la conservation des archives publiques, c'est-à-dire de celles produites par des institutions ou personnes de droit public. Celles-ci bénéficient du régime de protection de la domanialité publique du fait même de leur création [12]. Elles sont de ce fait imprescriptibles et inaliénables [13].

— Imprescriptibles, elles peuvent être revendiquées sans limite dans le temps ; c'est ainsi que l'État fait régulièrement retirer du marché de l'autographe des documents publics indûment mis en vente.

— Inaliénables, les archives publiques ne peuvent être cédées à des tiers [14] ; en revanche, si elles ne présentent plus aucun intérêt public, elles peuvent être détruites selon des modalités fixées par la loi [15].

Les modalités de la collecte et du tri dans la loi et la réglementation

Outre la définition très vaste qu'elle donne des archives, la législation française présente la particularité d'envisager le sort des archives publiques depuis leur création jusqu'à leur éventuelle conservation définitive, en don-

[12] Code général de la propriété des personnes publiques, art. L. 2112-1 : « ...font partie du domaine public mobilier de la personne publique propriétaire les biens présentant un intérêt public du point de vue de l'histoire, de l'art, de l'archéologie, de la science ou de la technique, notamment : [...] 2° Les archives publiques au sens de l'article L. 211-4 du code du patrimoine ».

[13] *Ibidem*, art. L. 3111-1 : « Les biens des personnes publiques mentionnées à l'article L. 1, qui relèvent du domaine public, sont inaliénables et imprescriptibles ».

[14] C'est pourquoi elles ne peuvent être exportées qu'à titre temporaire.

[15] Code général de la propriété des personnes publiques, art. L. 2141-1 : « Un bien d'une personne publique mentionnée à l'article L. 1, qui n'est plus affecté à un service public ou à l'usage direct du public, ne fait plus partie du domaine public à compter de l'intervention de l'acte administratif constatant son déclassement ». Sur les modalités de cette désaffectation voir ci-après.

nant une force réglementaire à une théorie archivistique, la théorie des trois âges des archives [16].

Née au début des années 1960, dans le contexte du développement de la bureaucratie et de l'explosion documentaire, cette théorie a été élaborée pour contrôler au mieux le cycle de vie des documents et assurer une collecte efficace des archives d'intérêt durable. Elle repose donc sur le postulat, affirmé dès la loi de messidor an II, selon lequel il ne saurait être question de tout garder. Au contraire, il convient de savoir sélectionner ce qui mérite d'être conservé.

On distingue trois temps, ou trois âges, dans la vie des documents d'archives, auxquels correspondent trois types de responsabilités sur les archives, fixés par décret [17] :

— 1er âge, les archives courantes : « Sont considérés comme archives courantes les documents qui sont d'utilisation habituelle pour l'activité des services, établissements et organismes qui les ont produits ou reçus » [18]. La conservation des archives courantes incombe aux organismes producteurs.

— 2e âge, les archives intermédiaires : les archives intermédiaires sont celles qui ne servent plus qu'occasionnellement ; elles peuvent être gardées sur place ou remisées dans des locaux transitoires, en vue de recherches ponctuelles, en attendant leur sort final. À l'issue de leur période d'utilité administrative ou probatoire, les archives intermédiaires peuvent être éliminées, à moins qu'elles ne présentent un intérêt historique.

— Si tel est le cas, elles accèdent au 3e âge des archives, celui des archives définitives, appelées aussi archives historiques. Celles-ci doivent obligatoirement être versées dans un service d'archives public qui les conservera sans limite de durée.

La durée d'utilisation comme archives courantes, puis intermédiaires, et la destination définitive des archives (conservation, élimination ou tri) sont déterminées conjointement par le service producteur et l'administration des archives [19]. Ces décisions prennent la forme de tableaux de tri réglementai-

---

[16] Yves Pérotin, « L'administration et les trois âges des archives », dans *Seine et Paris*, n° 20, 1961, p. 1-4.

[17] Décret n° 79-1037 du 3 décembre 1979 modifié, art. 12 à 14.

[18] *Ibidem*, art. 12.

[19] Code du patrimoine art. L. 212-2.

res [20] qui s'imposent aux services producteurs d'archives comme aux services récepteurs d'archives. De plus, toute élimination d'archives publiques ainsi que toute entrée dans un service d'archives doivent recevoir l'approbation de l'administration d'origine et de celle d'accueil, formalisée par l'établissement d'un bordereau d'élimination ou de versement, cosigné par les parties [21]. La mise au pilon, c'est-à-dire la destruction physique des documents dont l'élimination a été autorisée, vient clore la procédure, évitant ainsi tout détournement ou récupération illicite d'archives [22].

Enfin, pour assurer l'efficacité du dispositif, la réglementation archivistique répartit les compétences entre les services d'archives sur l'ensemble du territoire national :

— les Archives nationales se voient investies de la collecte des archives des organes centraux de l'État, hormis les Affaires étrangères et la Défense qui ont leurs propres services d'archives depuis la fin du XVIIIe siècle ;

— les archives départementales collectent les archives de l'administration départementale et des services déconcentrés de l'État dans le département et au chef-lieu de région ; les archives communales celles de l'administration communale, et les archives régionales celles de l'administration régionale.

C'est donc sur cette base réglementaire très cadrée que s'effectuent la collecte des archives publiques et donc la constitution des collections des services d'archives.

Toutefois, la loi ne suffit pas. « *Conserver, c'est choisir* » affirmait, en 1999, Jean-Pierre Bady, dans un colloque organisé par l'École nationale du patrimoine [23]. Et Pierre Nora de renchérir en constatant qu'avec le patrimoine documentaire, « *l'art de la conservation est principalement devenu l'art de la destruction* » [24]. Se pose alors la question de savoir qui établit la procédure de tri et selon quels critères, mais aussi, au-delà des textes réglementaires, quelles sont les pratiques de terrain.

---

[20] Appelés aussi « tableaux de gestion ».

[21] Décret n° 79-1037 du 3 décembre 1979 modifié, art. 16 et 18. À noter : le bordereau d'élimination constitue l'acte administratif de déclassement qui autorise l'aliénation par destruction.

[22] *Ibidem*, art. 16 : « Dans tous les cas, les documents à éliminer sont détruits sous le contrôle technique de la direction des Archives de France ».

[23] *Tri, sélection, conservation : quel patrimoine pour l'avenir ?*, Actes de la table ronde organisée sous l'égide de l'École nationale du patrimoine les 23, 24 et 25 juin 1999, Paris, 2001, p. 13.

[24] *Ibidem*, p. 17.

Sur ces questions qui dépassent le simple cadre de cette communication, on se reportera aux actes du colloque de 1999 qui mettent bien en évidence plusieurs points essentiels [25], à savoir :

— la nécessité du tri, comme garant de la constitution de fonds d'archives matériellement et scientifiquement exploitables, en vertu de l'adage « *trop d'information tue l'information* » ;

— la nécessité d'une évaluation préalable fiable, toute décision de destruction étant irrémédiable ;

— la nécessité d'associer à cette évaluation tous les partenaires concernés : producteurs d'archives, administration des archives, représentants des utilisateurs (historiens pour l'essentiel) ;

— la nécessité de faire connaître clairement aux producteurs d'archives comme aux utilisateurs les critères de tri retenus et leur motivation ;

— la nécessité, enfin, de réviser périodiquement ces critères, en fonction de l'évolution de la production et des usages des archives.

Comme on le voit, l'administration des archives s'est dotée d'outils juridiques et techniques solides pour encadrer l'enrichissement des collections des services d'archives [26]. Toutefois, cette abondance ne doit pas faire illusion. Compte tenu de l'immensité du champ à couvrir et des moyens limités à disposition des services d'archives, la collecte est nécessairement partielle, bien que volumineuse [27]. Efficace sur les grandes séries documentaires pouvant faire l'objet de tris qui permettent de désengorger les administrations, elle peine davantage à s'affirmer sur les archives de décision ou sensibles, gardées jalousement par leurs producteurs : dans ce domaine, la négociation et le compromis ont permis des entrées remarquables, comme celles des archives présidentielles, en dehors de tout cadre juridique [28]. L'adoption, en

[25] Voir en particulier, les communications de Line Skorka, Christine Pétillat et Rosine Cleyet-Michaud, *Ibidem*, p. 38-53.

[26] Depuis 1980, les circulaires de tri de la Direction des Archives de France sont publiées ou signalées au *Bulletin officiel du ministère de la Culture* ; elles sont par ailleurs consultables sur le site Internet de la Direction des Archives de France (rubrique : Gérer les archives/Textes applicables).

[27] 2 500 km d'archives sont conservés dans les services publics d'archives contrôlés par le ministère de la Culture (source : Ministère de la Culture et de la Communication, *Chiffres clés 2008*, La Documentation française, 2008, p. 53-59).

[28] Sur les archives présidentielles et les protocoles de remise imaginés par les services d'archives, voir Perrine Canavaggio et Evelyne van den Neste, « Un bilan de la question des archives politiques en France : de l'approche personnelle à l'approche fonctionnelle », dans *Gazette des archives*, n° 204, 2006, p. 71-88.

2008, de dispositions législatives pour légitimer les protocoles de remise d'archives politiques vient entériner une pratique trentenaire [29].

Autre secteur délicat, la collecte des archives électroniques est encore balbutiante et fragile du fait de la nature même de ces archives, du coût de leur sauvegarde à long terme et des interrogations sur leur utilité future. Il ne suffit pas, en effet, d'affirmer que les archives électroniques sont des archives au même titre que les archives papier pour en assurer la sauvegarde à long terme ; quelle que soit la force de la loi, les services d'archives ont bien du mal à faire face à la situation et à assurer la collecte et la conservation des archives de demain.

Signe d'espoir toutefois, une prise de conscience s'est faite en haut. L'audit de modernisation relatif à l'archivage, conduit début 2007 par le ministère des Finances [30], a mis en évidence les carences de l'archivage électronique de l'État et la nécessité de transformations en profondeur, afin d'assurer « *la pérennisation de la mémoire dématérialisée de l'État* », l'information archivée constituant une ressource documentaire stratégique. En mai 2008, les parlementaires se sont emparés à leur tour du sujet en votant un amendement au nouveau projet de loi sur les archives, exigeant du gouvernement un rapport triennal sur les conditions de collecte, classement, conservation et communication des archives électroniques, disposition adoptée dans la loi promulguée le 15 juillet 2008 [31].

Cet intérêt des pouvoirs législatif et exécutif pour l'archivage électronique vient confirmer une fois encore que l'archivage, s'il change de forme, continue d'être un enjeu politique essentiel et que la constitution des collections des services d'archives n'est pas simple question technique. Il reste à souhaiter que la réforme en cours du ministère de la Culture, en absorbant la direction des Archives de France dans une direction générale des patrimoines, ne perde pas de vue cette dimension des archives qui dépasse la seule conservation patrimoniale.

---

[29] Loi n° 2008-696 du 15 juillet 2008 relative aux archives, art. 17, modifiant le code du patrimoine, art. L. 213-4.

[30] Ministère de l'Économie, des Finances et de l'Industrie, *Audit de modernisation relatif à l'archivage. Note de synthèse*, juin 2007, 21 p.
(en ligne sur : http://www.audits.performance-publique.gouv.fr).

[31] Loi n° 2008-696 du 15 juillet 2008 relative aux archives, art. 36.

Une Mission nationale de sauvegarde du patrimoine scientifique et technique contemporain au Musée des arts et métiers : enjeux et perspectives

CATHERINE CUENCA
Conservateur en chef, responsable de la Mission nationale,
Musée des arts et métiers, Cnam et Université de Nantes

AUDE FERRANDO
Chef de projet pour la mission de sauvegarde en Ile-de-France et chargée de mission pour la cellule nationale au Musée des arts et métiers

DANIEL THOULOUZE
Conseiller pour le patrimoine, Musée des arts et métiers, Cnam

La Mission nationale de sauvegarde du patrimoine scientifique et technique contemporain, mission confiée au Musée des arts et métiers par le ministère de la Recherche, a été lancée en 2003. Depuis cette date, de nombreuses actions ont été menées par la mission, inscrites dans une prise de conscience de l'importance de ce patrimoine contemporain. En effet, l'absence d'une telle préoccupation dans les milieux de la recherche, de l'université et de l'industrie, largement tournés vers l'innovation et l'avenir, est devenue un enjeu important pour le développement de la culture scientifique et technique. En conséquence, plusieurs projets se sont inscrits dans le cadre d'une politique publique de sauvegarde du patrimoine scientifique et technique.

Dans cet article, nous rappellerons dans un premier temps les deux initiatives qui ont précédé la Mission nationale – la première au sein de l'Université de Nantes, la seconde au niveau de la région des Pays de la Loire – puis nous présenterons les objectifs et les avancées de la Mission nationale de 2003 à 2009 et les résultats obtenus. Nous rendrons compte ainsi d'un effort de valorisation patrimoniale et de diffusion culturelle qui s'est poursuivi pendant plus de douze années au sein des institutions universitaires, de recherche et culturelles dans le domaine des sciences et techniques.

De l'Université de Nantes à la région des Pays de la Loire : des missions de sauvegarde

En 1996, sous l'impulsion de la Direction de l'information scientifique, des technologies nouvelles et des bibliothèques du ministère de la Recherche et de l'Éducation nationale, de la « mission musées » de ce même ministère et avec le soutien du président de l'Université de Nantes, une mission de trois ans est confiée à l'un d'entre nous, afin de « repérer » le patrimoine scientifique et technique de cette université et de mener des actions de valorisation auprès du public [1].

Suite aux entretiens avec les doyens et les responsables des UFR de l'université, la principale ligne directrice retenue est de travailler sur la problématique du patrimoine scientifique et technique des quarante à cinquante dernières années.

Les objets répertoriés en vue de leur sauvegarde deviendront pour une partie du « patrimoine ». Il s'agit d'instruments utilisés et parfois créés par les chercheurs depuis les années 1950. Ces objets témoignent ainsi de la recherche et de l'enseignement supérieur contemporains – instruments scientifiques, documents associés tels que les notices d'emploi, les cahiers de laboratoire, les catalogues techniques. Sans action de sensibilisation et de sauvegarde, ces matériels, souvent réformés dans les laboratoires et les services, risquent de disparaître à jamais sans laisser de traces pour les générations futures.

Au cours de ce premier repérage, plusieurs questions ont émergé, en particulier sur la façon de sélectionner et trier les objets et de les replacer dans leur contexte d'origine. Toutes ces interrogations renvoient nécessairement à une réflexion plus générale sur ces nouvelles catégories d'objets constitués.

En 1999, cette étude est étendue à l'ensemble des universités et organismes de recherche de la région des Pays de la Loire, grâce au soutien essentiel du délégué régional à la recherche et à la technologie en Pays de la Loire [2].

---

[1] Catherine Cuenca, « Le patrimoine contemporain : programme national et projet européen », *La Revue du Cnam*, n° 51-52, à paraître.

[2] Catherine Ballé (dir.), Catherine Cuenca (dir.), Yves Thomas (dir.), *Le patrimoine scientifique et technique contemporain. Un programme de sauvegarde en Pays de la Loire*, Paris, L'Harmattan, 2005. Yves Thomas, est alors professeur d'université et délégué régional à la recherche et à la technologie.

Le programme régional intitulé « Mémoires de l'innovation scientifique et technologique du XXe siècle » est porté par l'Université de Nantes et un Groupement d'intérêt public régional, Atlantech, qui offre la structure adéquate à la fois pour la mobilisation des acteurs régionaux et pour le soutien administratif nécessaire au projet. Une composante multimédia est ajoutée à la réalisation de l'inventaire en vue de donner une visibilité immédiate au projet en utilisant les possibilités offertes par les nouvelles technologies.

De plus, un comité scientifique et un comité de pilotage permettent d'échanger et de valider régulièrement l'avancement du projet, sur un réseau de correspondants scientifiques et techniques (chercheurs, universitaires, industriels, techniciens) dans la région des Pays de la Loire.

Ce travail de sauvegarde a permis la conception de trois DVD-Rom d'« Histoires de chercheurs », portant sur dix-sept thématiques de recherche développées dans la région, et destinés à un large public – lycéens, étudiants, enseignants, muséologues et grand public.

La création de la Mission nationale de sauvegarde : objectifs et méthodes

Lors d'un colloque en 2001 à Orsay, est apparue avec le directeur du Musée des arts et métiers [3] la nécessité de mettre en œuvre une politique de sauvegarde de ce « nouveau patrimoine » au plan national [4]. Pour cela, il paraît pertinent de transposer et généraliser à l'échelle nationale les méthodes expérimentées au niveau d'un organisme puis d'une région. En 2003, une mission nationale de sauvegarde du patrimoine scientifique et technique est donc confiée au directeur du Musée des arts et métiers par le ministre de la Recherche. Les compétences et outils développés en Pays de Loire ont été mis à la disposition de la Mission nationale, dont les objectifs principaux sont de :

— sensibiliser les organismes d'enseignement supérieur et de recherche et les entreprises à la sauvegarde du patrimoine scientifique et technique contemporain,

— développer un réseau national de sauvegarde et de valorisation du patrimoine de la recherche et de l'industrie, en assurant un rôle de conseil et d'expertise dans le domaine,

---

[3] Daniel Thoulouze, alors directeur du Musée des arts et métiers – Cnam.

[4] Daniel Thoulouze, « La sauvegarde du patrimoine instrumental », conférence-débat d'Orsay, *La Revue pour l'Histoire du CNRS*, n° 5, novembre 2001, pp. 86-87.

— susciter des initiatives régionales, en accompagnant la mise en œuvre du programme dans les régions.

Ces actions de sauvegarde concernent, d'une part, les objets témoins de l'enseignement et de la recherche publique et privée, – de l'instrument au produit industriel, et la documentation associée – et, d'autre part, les témoignages et les savoir-faire des hommes et femmes de la recherche qui ont inventé ou utilisé ces objets. Ce « patrimoine », dans sa grande diversité, constitue un outil privilégié pour permettre à nos concitoyens de se familiariser avec les savoirs, les techniques et les innovations. Sa mise en valeur peut également susciter chez les jeunes des vocations dans les domaines de la science, de la recherche et de la technologie [5].

Pour mener à bien l'ensemble des objectifs de la mission, est mis en place au sein du Musée des arts et métiers un dispositif composé d'une cellule de coordination nationale, d'un conseil scientifique, d'un observatoire de ce patrimoine scientifique et technique et d'outils multimédia – base de données nationale et site Web. La base nationale accueille des données réunies et choisies par les partenaires régionaux du réseau national : fiches d'inventaires d'objets, interviews et vidéos de chercheurs, animations pédagogiques. Ces ressources sont ensuite transférées dans le site Web (www.patstec.fr), donnant ainsi une meilleure visibilité des activités de la mission nationale. L'ensemble constitue un véritable « centre de ressources » sur le thème (actuellement plus de 6 700 fiches, 20 000 photographies, vidéos et animations) et un outil pédagogique de culture scientifique et technique, grâce aux technologies développées dans le site Web, notamment pour l'enseignement et la formation.

Le réseau national « Patstec » : résultats en 2009

Le réseau comprend aujourd'hui quatorze régions partenaires : Auvergne, Alsace, Bretagne, Bourgogne, Champagne-Ardenne, Franche-Comté, Haute-Normandie, Languedoc-Roussillon, Lorraine, Midi-Pyrénées, Nord-Pas-de-Calais, et Rhône-Alpes, en plus de l'Île-de-France et des Pays de la Loire, et auxquelles s'ajoutent des partenaires industriels (Essilor, Fondation EDF) et d'autres sociétés telles que Michelin, Schneider et de grands organismes de recherche européens (CERN). Chaque mission régionale est coordonnée par un chef de projet rattaché soit à une composante universitaire, soit à un musée de sciences, soit à une délégation régionale du Cnam. Les orientations sont suivies par un comité de pilotage composé de mem-

[5] Daniel Thoulouze, « Le patrimoine scientifique et technique contemporain », *La Revue du Cnam*, n° 43-44, septembre-novembre 2005, pp. 4-9.

bres de différents départements universitaires, organismes de recherche et grandes écoles ; mais aussi des acteurs locaux de la culture, avec l'appui des DRRT (délégations régionales à la recherche et à la technologie), DRAC (directions régionales des affaires culturelles) et collectivités. Dans certaines régions, ces actions peuvent s'institutionnaliser et aller jusqu'à la création d'unités, antennes ou musées scientifiques et techniques.

Une journée professionnelle nationale permet chaque année de faire le point sur l'avancement des inventaires et les actions de valorisation et de formation réalisées dans les régions partenaires. Cette journée est aussi l'occasion de sensibiliser de nouveaux partenaires universitaires et industriels à la nécessité de la sauvegarde et à l'intérêt de rejoindre le réseau. Des ateliers de travail réunissent les chefs de projet deux fois par an pour mutualiser les pratiques et la réflexion et déterminer des thèmes ou des points particuliers à traiter dans le cadre de journées d'étude et de colloques [6].

Des groupes de travail ont été constitués de manière à mener une réflexion sur les différentes questions posées par cette nouvelle problématique patrimoniale : comment sélectionner les objets représentatifs des cinquante dernières années ? Sur la base de quels critères les trier ? Comment les replacer dans leur contexte ? Le premier objectif de cette entreprise est d'élaborer des listes d'instruments scientifiques référents, reflétant la recherche et l'enseignement scientifique des soixante dernières années, par discipline ou thématique.

La constitution de ce futur « patrimoine » soulève par ailleurs de nombreuses questions à caractère juridique. Les objets repérés dans les laboratoires ont en effet des origines et des statuts variés. Pour répondre à ces interrogations, un guide juridique est édité par la directrice du CECOJI (CNRS), spécialiste du droit du patrimoine culturel, avec la participation des membres du réseau de la mission et le soutien du ministère de la Recherche et de l'Éducation nationale [7]. Toujours avec le souhait de mettre en relation les professionnels du patrimoine et du milieu juridique, la Mission nationale s'associe au CECOJI et à l'Université de Sceaux pour la mise en œuvre et l'organisation en 2008 d'un colloque sur « Les aspects juridiques des collections scientifiques et techniques » au Musée des arts et métiers.

---

[6] Ainsi, des journées d'études thématiques ont porté sur le patrimoine scientifique et technique et industriel, les multimédia et la modélisation numérique. Deux colloques ont été organisés par la mission en 2008 et donnent lieu à des publications : « Patrimoine scientifique et technique, culture et société » et « Les aspects juridiques des collections scientifiques et techniques ».

[7] Caroline Rainette, Marie Cornu (dir.), Catherine Wallaert (dir.), *Guide juridique sur le patrimoine scientifique et technique*, Paris, L'Harmattan, 2008.

Vers une ouverture européenne

Plus largement, la mission nationale inscrit sa réflexion dans le cadre d'une coopération internationale au sein de réseaux d'experts déjà existants, par exemple la SIC (Symposium International Commission) [8], Universeum [9], l'UMAC (University Museums and Collections) [10]. Dans cette même perspective, une journée d'étude sur le patrimoine scientifique et technique contemporain est organisée en 2006 par la Mission du Musée des arts et métiers, réunissant des responsables de collections de grands musées de sciences et de techniques européens (Leonardo da Vinci Museum à Milan, Deutsches Museum à Munich, Science Museum à Londres, Museum à Leyde, National Science and Technology Museum à Madrid, Smithsonian Institution aux États-Unis). Cette mise en commun des expériences et des réflexions s'est poursuivie, en mars 2008, lors du colloque organisé au Musée des arts et métiers sur le thème du « Patrimoine scientifique et technique, culture et société » [11]. Ces différents échanges et collaborations ont débouché sur la volonté de mutualiser à un niveau européen des expériences dans le domaine de la sauvegarde du patrimoine scientifique et technique contemporain, dans le but de répondre de manière satisfaisante à certaines préoccupations dans ce domaine.

Cet objectif, soutenu fortement par le directeur du Musée des arts et métiers, s'est concrétisé en novembre 2008 par l'organisation à Milan avec le Musée des sciences et techniques d'une première rencontre en vue d'engager avec plusieurs autres pays partenaires un programme européen dans ce domaine. Cette rencontre a été suivie par le lancement de la première journée nationale d'un programme de sauvegarde mené par le Musée Léonard de Vinci, à qui la mission nationale apporte conseils et soutien. Un partenariat est également engagé entre le Musée des arts et métiers et la Maison de la métallurgie et de l'industrie de Liège.

La constitution de ce patrimoine – matériel et immatériel – soulève toujours de nombreuses questions touchant à diverses disciplines scientifiques et à des pratiques patrimoniales spécifiques qui, de ce fait, nécessitent parfois des solutions nouvelles. Le contexte culturel et social actuel nécessite de

---

[8] Paolo Brenni, chercheur au CNR à Florence, est le président de la commission instrumentation de la SIC.

[9] Universeum est un réseau européen de musées et collections universitaires, créé en 2000.

[10] L'UMAC est une section de l'ICOM créée en 2001.

[11] Catherine Ballé (dir.), Catherine Cuenca (dir.), *Le patrimoine scientifique et technique : un enjeu contemporain*, Paris, La Documentation française, à paraître en 2010.

garder les témoignages de la science et de la technique pour sensibiliser les jeunes à s'engager dans les carrières scientifiques et pour renforcer le lien entre les sciences et la société. Ce sont ces objectifs que la Mission nationale du Musée des arts et métiers souhaite atteindre à travers les opérations menées depuis plusieurs années.

Politique d'acquisition du patrimoine scientifique naturel

ARMAND FAYARD
Conservateur en chef, Muséum d'histoire naturelle de Grenoble

Pour introduire ma communication, je reprendrai le petit résumé que j'en avais fait à la demande des organisateurs : « *D'un propriétaire à un autre, le voyage de l'objet suscite nombre d'interrogations : droit, autorisation(s), objectifs, estimation, …*

D'une époque à une autre le regard porté par la société, par le conservateur, sur l'objet, sur la collection, n'est pas identique. Au XXIe siècle que devient, que peut être la politique d'acquisition d'un muséum d'histoire naturelle ? »

Acquérir puisque tel est le sujet de cette intervention, c'est devenir **propriétaire** et être propriétaire c'est être la personne qui possède.

Il y a une trentaine d'années, lorsque je pénétrai dans le capharnaüm qu'était alors le muséum d'histoire naturelle de Grenoble, mon attention fut inévitablement attirée certes par les innombrables spécimens mais aussi par les étiquettes souvent jaunies et effacées par les humeurs du temps.

Sur celles-ci, et ce n'est là nullement une surprise, ce qui revenait le plus souvent était le nom de l'objet, une année, une provenance géographique et parfois dépôt, don /legs.

Assez curieusement il me fallut quelques années avant que je me pose la question : mais à qui réellement appartiennent toutes ces collections : aux anciens conservateurs ? à la Ville ? à l'État ? Qui en furent les premiers propriétaires ? Comment sont-elles arrivées jusqu'ici ? Sommes-nous vraiment en règle vis-à-vis des lois ? Autant d'interrogations qui ne vous sont pas étrangères et sur lesquelles je ne m'étendrai pas.

Je reviendrai cependant sur l'origine de nos objets d'histoire naturelle qui, dans leur grande majorité, sont des éléments de la nature et parfois des éléments de la production humaine. Leur présence dans nos établissements indique qu'ils ont été pour la plupart *prélevés.* C'est le cas de la faune, de la botanique, de la géologie, de la minéralogie, de la paléontologie. C'est aussi le cas pour bien des objets ethnologiques.

Prélever, le verbe a pour synonymes vous le savez aussi bien que moi : enlever, extraire, ôter, retrancher.

Le seul fait de prononcer ces mots évoque immédiatement les procédés utilisés lors de la première acquisition : l'annexion (avec ou sans violence), la capture (chasse, pêche, braconnage, ...), l'extraction par fouille scientifique ou non, le forage minier ou le hasard d'une simple prospection, d'une promenade, ...

Lors du passage de l'objet ou de l'ensemble, du premier propriétaire à un autre, interviennent d'autres procédés : la saisie par les douanes, les gardes assermentés... le vol, l'achat, le don, le legs.

Vous allez sans doute réagir mais j'ai envie d'être quelque peu provocateur en disant que pendant des décennies, dans un cadre assez général, le mode de prélèvement en première action, et donc précédant l'acquisition par le muséum, préoccupait assez peu le conservateur. Ce qui intéressait ce dernier était de pouvoir à son tour entrer en possession de l'objet ou de la collection et de les inscrire, pour les plus méthodiques, sur un fichier, ce qui en affirmait alors la propriété de l'organisme gestionnaire : l'association ou la ville, plus rarement le département et, pour quelques-uns, l'État.

Tout ceci est un raccourci qui peut vous paraître quelque peu caricatural et qui appartient surtout au passé.

Aujourd'hui, au XXIe siècle, la question de l'acquisition se pose différemment et elle se pose avec d'autant plus d'acuité que les lois internationales (trafic, protection), les directives ministérielles, régionales, départementales en limitent et complexifient la procédure et que nous sommes pour la plupart devenus musées de France donc astreints à une grande rigueur.

Désormais, tout objet ou ensemble qui doit entrer dans un muséum, comme d'ailleurs dans tout musée ayant le label musée de France, suit un cheminement obligé : repérage, documentation associée, autorisations de sortie, de cession, de vente, présentation à la commission régionale d'acquisition, inscription à l'inventaire.

Je pourrais m'arrêter ici mais si je reviens au point de départ je vous ai parlé d'une évolution du regard porté à l'objet et à la collection.

Du siècle des Lumières aux années 1980, le regard a été et est resté très souvent celui de la curiosité avec pour conséquences un entassement d'objets souvent hétéroclites ayant, ou supposés avoir, une dimension d'études scientifiques et un intérêt pédagogique, mais surtout témoignage certain de la passion du ou des conservateurs. Passion cependant rarement traduite dans une ligne force muséologique.

À Grenoble, de 1851 à 1980, de mes quatre prédécesseurs, seul le deuxième conservateur a tenté un essai d'orientation des acquisitions vers le domaine spécifique de la montagne, les trois autres ont accumulé avant et après lui, selon leurs préférences naturalistes et le hasard des dons et legs.

Le résultat a été une saturation rapide de tous les espaces de l'institution, avec des ensembles émanant de tous les règnes végétal, animal, minéral, constituant une véritable réplique en miniature du muséum national.

Un capharnaüm riche et émouvant, comme je le disais précédemment, qui a valu au muséum de Grenoble d'être classé musée de 1ere catégorie en 1956, alors que le public l'avait pratiquement déserté.

Depuis et particulièrement à la fin du XXe siècle, une véritable révolution s'est produite :

— l'objet, autrefois de curiosité, de passion, à dimension plus ou moins scientifique et éducative, s'est enrichi d'une valeur culturelle ; l'objet doit être montré au plus grand nombre ;

— l'objet, autrefois considéré comme altérable et périssable, est devenu objet patrimonial et donc désormais « durable » avec obligation d'être transmis aux générations suivantes.

Ces perceptions nouvelles amènent alors à une nouvelle approche dans l'acquisition.

- C'est ainsi qu'est apparue la notion de *cohérence* de la collection. Dans le cadre du muséum de Grenoble, celle-ci était rendue difficile par la multiplicité des disciplines représentées. La politique actuelle consiste désormais à *compléter*, par le hasard des offres et non par une recherche systématique, celles existantes et à *développer*, de façon raisonnée, un enrichissement concernant la bio et géodiversité en rapport aux thématiques longues durées, non pas sur le plan de la collection d'étude – donc du nombre – mais sur celui de pièces de référence par leurs caractéristiques muséologiques [historique, types, rareté (espèces disparues, en danger.., endémiques), spécimen spectaculaire].
- C'est ainsi qu'est apparue la *différenciation* collection (matériel) d'études, collection patrimoniale. Tout objet, toute collection est potentiellement sujet à études, c'est un truisme de dire cela, mais il est cependant des ensembles qui relèvent plus des laboratoires de recherches que des réserves d'un muséum de région. Acquérir ces en-

sembles à des fins supposées de préservation ou, moins évoquées, de « sauvetage » de ce qui était destiné à la décharge, n'est plus dans la ligne du muséum de Grenoble. Confrontés ces dernières années à ces problèmes avec l'Université, notre politique a été de clarifier la cession en notifiant par convention un accord pour recevoir et gérer uniquement des objets et ensembles s'inscrivant dans une complémentarité de l'existant et dans une dimension patrimoniale. Ainsi avons-nous accueilli en provenance de l'Université des *herbiers alpins* et réorienté les autres à contenu plus exotique sur Montpellier, accueilli la collection de zoologie, don Arnoux, recueillie lors du voyage du Rhin en Océanie (1842-1846), orienté un bel ensemble de diverses espèces de poissons en bocaux vers le muséum national et laissé à l'Université les spécimens à dimensions éducatives, et actuellement nous sommes en pourparlers pour recevoir après une sélection drastique parmi les collections de paléontologie de l'Institut Dolomieu, le résultat portant sur quelque 4 000 types et les spécimens les plus remarquables.

- C'est ainsi que peut apparaître la notion d'*esthétique*. Les critères de choix sont certes alors très personnels, très subjectifs, très discutables mais vu l'évolution des publics il paraît nécessaire de travailler aussi sur le beau, sur l'émotion que peut dégager l'objet. Personnellement j'attache beaucoup d'importance à ces aspects et les acquisitions actuelles que ce soit en zoologie (où les muséums de France possèdent un net déficit en qualité de taxidermie des spécimens), en minéralogie (dans une recherche d'équilibre du spécimen) et en paléontologie (privilégiant le monumental) en sont forcément le résultat
- C'est ainsi que se formalise un *projet culturel scientifique*. Sélection, tri, complémentarité, ces actions n'acquièrent leur plein sens que liées à un projet culturel scientifique, si possible durable. Celui du muséum de Grenoble est désormais orienté sur l'*évolution* des origines de la terre à nos jours :

— en s'appuyant sur des spécimens remarquables fossiles et des espèces animales et végétales disparues et menacées,

— en insistant sur la *genèse des Alpes* qui est l'aspect régional de l'évolution en privilégiant les fossiles et les minéraux,

— en traitant de la *répartition* et de l'*adaptation* des espèces en milieux montagnards.

Ces nouveaux regards portés à l'objet naturel au niveau international depuis une dizaine d'années provoquent un intérêt spéculatif sur les objets d'origine naturelle et une augmentation vertigineuse de la valeur marchande (il suffit de voir les récents résultats en salles de ventes) ce qui, outre le fait qu'il y a désormais de moins en moins de proposition de dons ou de legs, met l'institution dans l'obligation de posséder **un budget d'acquisition**.

Je terminerai sur ces mots *budget et acquisition* en ayant la sensation qu'ils sont ceux qui, dans les années prochaines, détermineront profondément la qualité patrimoniale des muséums, qu'ils sont aussi ceux qui engendreront au sein des établissements une méthodologie dans la recherche de spécimens remarquables auprès des collectionneurs, des salles de ventes, des scientifiques, …

Gestion des collections : modèles institutionnels, relations musées/universités

Enjeux et perspectives pour la valorisation des collections universitaires

JEAN-MICHEL TOBELEM *
Option Culture (docteur en gestion, chargé de cours
à la Sorbonne et à l'École du Louvre)

Il n'est nul besoin de rappeler à quel point une partie significative du patrimoine public est détenue par des établissements d'enseignement et de recherche, dans de nombreux pays. Les universités d'Amsterdam et d'Utrecht, de Berlin et de Leipzig, de Bologne, Florence, Pavie ou Turin, de Cambridge et Oxford, de Coimbra et Porto, d'Harvard, Yale, Duke ou Penn, de Lyon, Montpellier, Nancy, Paris ou Strasbourg, sont célèbres par leurs collections de toute nature : anthropologie, archéologie, art, astronomie, chimie, égyptologie, ethnologie, géologie, histoire naturelle, instrumentation, médecine, minéralogie, paléontologie, pharmacie, physique… Ce patrimoine est toutefois mis en valeur de façon variable selon les universités et les pays concernés (Gérard, dir., 2008 ; Soubiran, Lourenço, Wittje, Talas, Sofia et Bremer, 2009). Certains musées sont réputés dans le monde entier, car leurs collections artistiques y sont de premier plan ; d'autres sont confidentiels, faute de volonté (ou de moyens) de les présenter dignement, ou bien en raison de la nature des collections, dont l'usage relève principalement de l'étude et de la recherche. Cette difficulté étant au cœur de la spécificité des collections universitaires, nous y reviendrons ci-après.

Nous nous interrogerons dans un premier temps sur l'importance et les atouts des collections universitaires, mais aussi sur leurs handicaps ; puis nous étudierions dans un second temps certaines voies possibles de valorisation, en relation avec les politiques publiques (nationales et territoriales) et dans le cadre d'une démarche stratégique de définition d'un projet singulier.

* option.culture@orange.fr – http://option.culture.free.fr.

L'importance des collections universitaires

Peut-on mettre en évidence des caractéristiques propres aux collections que possèdent les universités (Lourenço, 2008) ? En dépit de leur immense diversité, on peut soutenir que celles-ci sont parfois très anciennes, car réunies avant même la création des premiers musées publics ; leur importance patrimoniale est donc indéniable, même si leur fondement a principalement longtemps été de constituer avant tout des collections d'étude et de recherche [1]. Par la suite, dans les universités anglo-saxonnes en particulier, des collections d'art et d'archéologie ont été offertes par de riches donateurs pour constituer de véritables musées, n'ayant rien à envier aux grandes institutions muséales (Tirrell, 2000). Quoi qu'il en soit, la présence de collections dans un univers marqué par la recherche et l'enseignement destine préférentiellement ce patrimoine – à la fois matériel et immatériel (Ferriot, 2004) – à une vocation didactique affirmée : quelle meilleure stimulation intellectuelle en effet pour un département d'histoire de l'art que de disposer d'une collection permettant aux enseignants et aux étudiants de se confronter directement aux œuvres (Heffernan, 1987 ; Taylor, 2008 ; Stryker, 2009) ? C'est du reste la spécificité de l'École du Louvre que de permettre aux étudiants d'accéder aisément aux collections du musée, là où le contexte universitaire français d'enseignement en histoire de l'art rend moins facile cette proximité aux étudiants de la plupart des facultés.

Dans le domaine des sciences toutefois, on peut penser qu'une part des collections scientifiques anciennes n'a plus guère de résonance contemporaine pour l'enseignement et la recherche. C'est donc à un véritable défi que sont confrontés leurs responsables pour déterminer la valeur – autre qu'historique – de ces collections ; d'autant plus si leur intérêt « patrimonial » n'est pas non plus flagrant. Or la transmutation d'objets scientifiques en une collection possédant une signification actuelle suppose l'élaboration d'un discours muséographique et d'une médiation culturelle, ce à quoi les personnels universitaires ne sont pas nécessairement préparés (Lénard, 1996).

Étrangement, la reconnaissance d'une spécificité des collections universitaires semble récente, si l'on tient compte de la chronologie suivante : déclaration de l'Unesco en 1999, création de l'association Universeum en 2000, instauration d'un comité spécialisé (UMAC) du Conseil international des musées (ICOM) en 2002 (Stanbury, 2003), mise en place de la Mission nationale de sauvegarde du patrimoine scientifique et technique en France en

[1] « Les universités européennes détiennent une part considérable de notre héritage scientifique, artistique et d'histoire naturelle » (Ferriot et Lourenço, 2004 : 5).

2003, travaux du Conseil de l'Europe en 2005 (Soubiran, Lourenço, Wittje, Talas et Bremer, 2009). Depuis ces dates, divers colloques ont eu lieu en France (Lille, Montpellier, Nancy, Paris, Strasbourg…), accompagnés de publications (Soubiran, 2007). C'est dire que l'on assiste à une prise de conscience progressive, en dépit de pertes malheureusement irrémédiables.

Des difficultés particulières, mais des atouts singuliers

Les collections universitaires font face en effet à plusieurs difficultés qui leur sont propres. Elles souffrent tout d'abord d'un manque de reconnaissance – compréhensible à certains égards il est vrai – des autorités universitaires. Celles-ci, confrontées à de dramatiques besoins en termes budgétaires, de personnel mais aussi et peut-être surtout d'espace, peuvent difficilement rendre des arbitrages favorables à une réelle valorisation des collections dont elles ont pourtant la responsabilité (Stanbury, 2000). Ce n'est pas exonérer les présidences d'université que de reconnaître cet état de fait, d'autant que cette valorisation leur incombe en tout état de cause. Reconnaissons toutefois qu'une analyse qui ne tiendrait pas compte de ces contraintes risquerait de conduire à des recommandations inadaptées. Ce que l'on pourrait appeler la « tragédie » des collections universitaires ne se limite pas là : en dehors de ne pas figurer parmi les priorités des universités, faute d'un véritable fondement ancré dans les missions de ces dernières et d'une pertinence qui reste à démontrer au cas par cas, leur accessibilité est bien souvent limitée, quand on n'assiste pas à des fermetures [2]. Autrement dit, sortir des difficultés que connaissent nombre de collections d'université supposerait de définir un projet de valorisation, d'aménager des surfaces suffisantes (pour les expositions permanentes et temporaires, mais également pour les réserves, les ateliers pédagogiques, les bureaux, les surfaces d'accueil, etc.), de dégager un budget et de bâtir une équipe (conservateur, médiateur, régisseur, personnel d'accueil et de sécurité, etc.), avec l'aide – le cas échéant – de bénévoles.

Face à ces obstacles, les collections des universités possèdent néanmoins des atouts non négligeables (Murphy, 2003) : la longue durée, qui a souvent permis leur constitution, leur donne un relief particulier dont ne peuvent

---

[2] Cette fragilité est fréquemment soulignée : « Depuis la Deuxième Guerre mondiale, les musées et collections des universités ont connu une diminution de leur utilisation dans la recherche et l'enseignement, avec pour conséquences un manque de ressources financières, d'autonomie, d'accessibilité et de locaux adéquats, un sous-équipement chronique en personnel qualifié, des réorganisations, des dispersions, des déménagements, des états de négligence et d'abandon, qui ont entraîné des pertes irréversibles » (Soubiran, Lourenço, Wittje, Talas, Sofia et Bremer, 2009 : 13).

pas nécessairement se prévaloir les musées « traditionnels »[3]. Surtout, ces collections bénéficient du lien qui existe parfois encore avec la science « en train de se faire », avec des chercheurs et des laboratoires ; dès lors, elles possèdent la capacité de raconter l'histoire des découvertes, de la science, de la connaissance et de l'innovation. Sans compter que les musées universitaires peuvent être en cohérence avec certaines des missions même des universités. Dans un domaine connexe, le musée de l'Assistance publique à Paris, par exemple, est aujourd'hui une institution bénéficiant de l'appellation « musée de France » et rattachée à la direction générale de l'établissement. Ainsi doté d'une équipe muséale et d'un personnel spécialisé (conservateur du patrimoine, assistant qualifié, etc.), le musée représente un outil dans la politique de formation et de rayonnement de l'AP-HP (il accueille du reste 40 % de lycéens et d'étudiants des filières sanitaires et sociales).

Quelles pistes de valorisation explorer ?

On l'a vu précédemment, le principal enjeu est de définir un projet ancré dans le présent, répondant à des besoins contemporains, ce qui suppose – outre la mise en place de partenariats (cf. *infra*) – d'établir si ces collections peuvent constituer un outil pour le monde universitaire : peuvent-elles (re)devenir un support pour l'enseignement et la recherche (De Clercq et Lourenço, 2004) ? Peuvent-elles permettre une ouverture vers la société, vers le territoire et l'environnement de l'université (Mayer, 2003 ; Isaac, 2008) ? Peuvent-elles conduire à une sensibilisation des collégiens et des lycéens aux métiers de la science et de la recherche ? Peuvent-elles représenter un pivot régional pour la diffusion de la culture scientifique et technique ? Peuvent-elles s'inscrire dans une démarche de développement du tourisme culturel (Flam, 2008 ; Origet et Tobelem, 2009) ? Peuvent-elles représenter un élément d'image, de prestige, de communication et d'attractivité pour l'université (Bulotaite, 2003 ; Wallace, 2006) ? Peuvent-elles – de surcroît – devenir une « vitrine » pour l'établissement de partenariats avec les entreprises et le monde économique[4] ? Rappelons néanmoins qu'en France, en raison du fait qu'« en dehors de Strasbourg et de Nancy, les musées n'ont pas été créés au sein des universités locales (...) le public français n'a jamais eu

---

[3] « Les musées des universités ont les ressources, les objets et les installations pour expliquer en quoi la science d'aujourd'hui diffère de la science d'hier » (Ferriot et Lourenço, 2004 : 14).

[4] « Les universités considèrent généralement ces projets comme des outils de relations publiques puissants qui, en même temps, contribuent à la promotion des sciences auprès du grand public et – ce qui est plus important – donnent une deuxième vie plus profitable aux collections précédemment perçues comme étant inutiles ou mortes » (Ferriot et Lourenço, 2004 : 11).

l'habitude de venir sur les campus universitaires pour voir des collections » (Van Praët, 2004).

Dans l'hypothèse où cet « intérêt à agir » serait démontré de la part des autorités universitaires, la question de la forme de la mise en valeur des collections se poserait (Arnold-Forster, 2000 ; Wallace, 2003). Un premier niveau d'intervention – relevant de l'urgence – supposerait la préservation même des objets concernés, que ce soit par des mesures de conservation préventive et de restauration, ou encore par leur numérisation, afin d'en permettre l'étude et la communication aux chercheurs intéressés. Les outils numériques (stockage sur supports numériques, inventaires informatisés, mise en ligne sur l'Internet, intégration dans des réseaux nationaux et internationaux...) permettent aujourd'hui d'envisager sereinement ce premier niveau de mise en valeur. Un second niveau de valorisation consisterait à identifier un espace « muséal » destiné à la présentation des collections, dans un but d'étude, de recherche, d'exposition et de visite (cf. *infra*). Cela supposerait que soient résolues un certain nombre de difficultés (Gérard, 2008) : les espaces sont-ils conformes aux prescriptions muséographiques (hygrométrie, protection contre la lumière, température adaptée, etc.) ? Permettent-ils un accès aisé des visiteurs tout en garantissant l'intégrité et la sécurité des lieux ? Faut-il prévoir une entrée libre ou pas et selon quelle fréquence d'ouverture ? Autre question à aborder, celle du mode de gestion de l'espace muséal : est-il un simple service de l'université ; faut-il le doter de l'autonomie budgétaire, voire de la personnalité morale ; faut-il envisager la création d'une structure *ad hoc* (association ou fondation, par exemple) ?

Collections universitaires et politiques publiques

Il pourra aussi advenir que l'université fasse le constat qu'elle n'est pas en mesure d'apporter une réponse adaptée et satisfaisante à la préservation et à la valorisation de ses collections. Dans ce cas, la dévolution de ces dernières à un musée situé dans son environnement (d'archéologie, de sciences, d'ethnologie ou de beaux-arts), doté d'un personnel scientifique qualifié, de moyens budgétaires et des espaces requis pour leur accueil, pourrait constituer une piste de réflexion, dès lors qu'elle répondrait aux intérêts bien compris des deux parties, comme on l'a vu dans le cas des muséums d'histoire naturelle de Grenoble et de Nancy par exemple. Si une telle orientation était retenue, cela supposerait l'établissement d'une convention avec la ou les collectivité(s) locale(s) concernée(s) : le niveau communal ou intercommunal serait impliqué dans l'accueil et la valorisation des collections ; l'échelon départemental pourrait les intégrer dans sa politique éducative et de développement touristique ; enfin, le Conseil régional pourrait intervenir dans les domaines de la formation et du développement économique [5]. L'université de Strasbourg semble se situer dans cette lignée [6].

D'une manière générale, dans quelle mesure les autorités publiques sont-elles concernées par la valorisation des collections universitaires ? Le premier niveau de réponse concerne la responsabilité de l'État et des collectivités territoriales en matière de protection, de préservation et de mise en valeur des différentes formes de patrimoine (matériel et immatériel), dont on sait qu'elles connaissent à présent une grande extension. S'agissant des collections se rapportant à la biologie, à la médecine, à la physique, aux neurosciences, à la chimie, aux sciences naturelles, notamment, l'intérêt public est légitimement interpellé au titre de la diffusion de la culture scientifique et technique (Boudia, 2007), de la valorisation des métiers de la recherche, de l'orientation des étudiants vers la formation et les carrières scientifiques et des passerelles à établir pour se diriger vers une société de la connaissance et de l'innovation. Dans ce cadre, le rôle des collectivités publiques est de s'appuyer sur les structures et lieux de ressources existants, qu'il s'agisse de musées, de centres de culture scientifique et technique, de laboratoires de recherche, d'entreprises, de sociétés savantes ou d'associations œuvrant dans ce domaine ; mais également, potentiellement, sur les collections universitaires.

Quel projet muséal ?

Quelle que soit la forme juridique et d'organisation prise par l'ouverture au public (ou à des publics choisis) d'une collection universitaire, celle-ci repose sur un certain nombre de préalables qui garantiront le professionnalisme de la démarche (Tobelem, 2005). Le point de passage le plus important, en relation avec ce qui a été dit précédemment, est la définition d'un « projet » (au sens de projet scientifique et culturel utilisé dans le monde des musées) : quelles sont les missions de l'espace muséographique (Drucker, 2007) ? Quel est le propos qui fonde la mise en valeur des collections ? Dans quel bâtiment et dans quels espaces se déploient les collections ? Quelles sont les surfaces affectées aux espaces de réserve, aux bureaux du

---

[5] « La culture, l'histoire, le patrimoine sont alors mobilisés comme des outils à même d'aider à la construction ou la recomposition d'une identité et offrent un moyen de s'inscrire de fait dans le territoire qui partage cette histoire, ce patrimoine, cette culture » (Soubiran, Lourenço, Wittje, Talas, Sofia et Bremer, 2009 : 11).

[6] « Le musée zoologique, riche de ses millions de spécimens, est ouvert en permanence au public. Il est inscrit sous la double tutelle de la ville de Strasbourg et de l'université Louis Pasteur, et dispose d'une équipe d'encadrement et d'animation » (Soubiran, 2007 : 34).

personnel, aux lieux d'accueil et d'information, aux salles pédagogiques, à la boutique, etc. ? Qui sont les publics visés (chercheurs, étudiants, groupes scolaires, « grand public », touristes…) ? Quelle muséo-scénographie et quelle interprétation des collections proposer ? Quelles modalités d'accès définir ? Quelle politique des publics et de médiation (expositions, animations, activités éducatives, visites guidées, conférences, etc.) mettre en place ? Quelle articulation trouver avec les associations d'amis, les partenaires et les bénévoles ? Quel mode d'organisation (statut, financement, personnel…) proposer ? Quels outils de promotion, de mise en réseau et de communication mettre en place ? On peut aussi se demander si – à l'instar du musée de l'Assistance publique de Paris – il convient de solliciter l'appellation « musée de France », avec la reconnaissance qu'elle apporte mais également les contraintes qu'elle suppose (Maigret, 2008).

À titre d'illustration, on peut s'interroger sur la portée de l'impératif d'inaliénabilité des collections (sous réserve d'une procédure de déclassement prévue par la loi Musées) s'agissant de certains types de collections propres, bien souvent, aux établissements universitaires : objets de série, collections d'étude, spécimens (animaux, minéraux ou végétaux) remplaçables et/ou renouvelables, etc. D'autant qu'un même musée peut détenir une pluralité de collections. En tout état de cause, on s'interrogera pour finir sur les revenus dont pourrait disposer l'espace muséographique : financement direct par l'université, subventions publiques, contributions privées (d'entreprises, de fondations ou de particuliers), ressources propres : droits d'entrée (le cas échéant), boutique, cafétéria, animations, locations d'espace, etc. Comme on le voit l'émergence d'un véritable espace muséographique à l'intérieur de l'enceinte académique suppose un grand nombre de préalables : définition d'une stratégie articulée aux missions de l'université, montage juridique et financier, recrutement de personnel, conduite d'études (conception, faisabilité, programmation…), phases de maîtrise d'œuvre (architecture, muséographie, scénographie).

Conclusion

Il apparaît en définitive que l'importance des collections universitaires est indéniable [7]. Toutefois, s'agissant de la France et compte tenu des difficultés particulières liées à la mise en valeur du patrimoine universitaire, d'une part ;

---

[7] « In a bleak economy, when our big public museums threaten to sink under budget-busting excesses, the university museum offers a model for small, intensely researched, collection-based, convention-challenging exhibitions that could get museums through a bumpy present and carry them, lighter and brighter, into the future » (Cotter, 2009).

et, d'autre part, des tensions auxquelles sont soumises les finances publiques, on peut se demander s'il ne conviendrait pas de favoriser la constitution d'un nombre limité de pôles muséographiques universitaires (8 à 10 par exemple), qui seraient reconnus et soutenus par l'État. Répartis dans l'ensemble du territoire (Bordeaux, Lyon, Nantes, Rennes, Montpellier, Nancy, Paris, Poitiers, Strasbourg, Toulouse...), ils seraient représentatifs des différents types de collection (archéologie, médecine/pharmacie, chimie, beaux-arts, etc.) qui font la richesse des fonds universitaires. Leur mise en réseau avec des musées et autres centres de ressources au niveau local permettrait en outre la constitution de lieux dotés d'une masse critique suffisante pour permettre l'accomplissement de leurs missions (conservation, recherche, publications, diffusion, expositions, animations) dans une perspective à la fois culturelle, éducative, sociale, touristique, économique et d'image, et en relation avec les impératifs de développement de la culture scientifique et technique.

Bibliographie

- ARNOLD-FORSTER Kate, 2000, « "Un sentiment croissant de crise" : les collections des universités britanniques », *Museum international*, n° 207 (vol. 52, n° 3, 2000), Unesco.
- BOUDIA Soraya, 2007, « Patrimoine et collections scientifiques des universités », *U-Culture(s)*, Maison de sciences de l'Homme de Bourgogne, U-Culture, n° 2 (Culture scientifique et technique).
- BULOTAITE Nijole, 2003, « Le patrimoine universitaire. Un instrument institutionnel de création d'une marque et de commercialisation », in *L'enseignement supérieur en Europe*, Centre européen pour l'enseignement supérieur, Unesco, vol. XXVIII, n° 4.
- COTTER Holland, 2009, "Why University Museums Matter", *The New York Times*, 20 février 2009.
- DE CLERCQ Steven et LOURENÇO Marta, 2004, « Aperçu de la recherche muséale », *Les nouvelles de l'ICOM*, n° 2-2004, Conseil international des musées.
- DRUCKER Peter F., 2007 (première publication en 1997), "The University Art Museum. Defining purpose and mission", in *Museum Management and Marketing*, édité par Richard Sandell et Robert R. Janes, Leicester Readers in Museum Studies, Routledge.

- FERRIOT Dominique et LOURENÇO Marta, 2004, « De l'utilité des musées et collections des universités », *La lettre de l'OCIM*, n° 93, mai-juin 2004.
- FERRIOT Dominique, 2004, « Musées et collections universitaires en Europe », in *Regards sur le patrimoine culturel des universités*, Université de Lille 1, les 1er et 2 avril 2004.
- FLAM Faye, 2008, "U. of Penn museum plans to go popular", *The Philadelphia Inquirer*, 17 décembre 2008.
- GÉRARD Pierre-Antoine (sous la direction de), 2008, *Les collections scientifiques des universités, Actes des 2e journées Cuénot*, 21-22 septembre 2006, Nancy, Presses universitaires de Nancy.
- GÉRARD Pierre-Antoine, 2008, « Vers un service commun de gestion des collections de Nancy-Université ? » in Gérard P.-A. (sous la direction de), 2008, *Les collections scientifiques des universités, Actes des 2e journées Cuénot,* 21-22 septembre 2006, Nancy, Presses universitaires de Nancy.
- HEFFERNAN Ildiko, 1987, "The Campus Art Museum Today", *Museum News*, juin 1987.
- ISAAC Gwyneira, 2008, "Comment : how experimental are we ? University museums and the exploration of contemporary social issues", *Museum Management and Curatorship*, vol. 23, n° 3, septembre 2008.
- LÉNARD Colette, dir., 1996, *Collections et musées universitaires*, dossier de *La lettre de l'OCIM*, n°44, mars-avril 1996.
- LOURENÇO Marta C., 2008, « Entre deux mondes : avenir des collections d'enseignement et de recherche », in Gérard P.-A. (sous la direction de), 2008, *Les collections scientifiques des universités, Actes des 2e journées Cuénot,* 21-22 septembre 2006, Nancy, Presses universitaires de Nancy.
- MAIGRET Jacques, 2008, « Collections universitaires : de quoi parle-t-on ? » in Gérard P.-A. (sous la direction de), 2008, *Les collections scientifiques des universités, Actes des 2e journées Cuénot,* 21-22 septembre 2006, Nancy, Presses universitaires de Nancy.
- MAYER Carol E., 2003, "University museums : distinct sites of intersection for diverse communities", *Museologia*, Lisbonne, vol. 3, n° 1&2.

- MURPHY Bernice L., 2003, "Encircling the Muses : the multidisciplinary heritage of university museums", *Museologia*, Lisbonne, vol. 3, n° 1&2.
- ORIGET DU CLUZEAU Claude et TOBELEM Jean-Michel (dir.), 2009, *Culture, tourisme et développement. Les voies d'un rapprochement.* L'Harmattan.
- SOUBIRAN Sébastien, 2007, « Patrimoine des universités et médiation scientifique », *La lettre de l'OCIM*, n° 109, janvier-février 2007.
- SOUBIRAN Sébastien, LOURENÇO Marta C., WITTJE Roland, TALAS Sofia et BREMER Thomas, 2009, « Initiatives européennes et patrimoine universitaire », *La lettre de l'OCIM*, n° 123, mai-juin 2009.
- STANBURY Peter, 2000, « Les musées et les collections universitaires », *Museum international*, n° 206 (vol. 52, n° 2, 2000), Unesco.
- STANBURY Peter, 2003, "Adding value to university collections", *Museologia*, Lisbonne, vol. 3, n° 1&2.
- STRYKER Mark, 2009, "University of Michigan art museum reopens with an ambitious goal. Aim is making art central to daily life", *The Free Press*, 22 mars 2009.
- TAYLOR Kate, 2008, "Harvard's Three Art Museums Will Share One Name and One Roof", *The New York Sun*, 20 juin 2008.
- TIRRELL Peter B., 2000, « Gérer le changement : les musées universitaires d'histoire naturelle aux États-Unis d'Amérique", *Museum international*, n° 207 (vol. 52, n° 3, 2000), Unesco.
- TOBELEM Jean-Michel, 2005, *Le nouvel âge des musées. Les institutions culturelles au défi de la gestion*, Armand Colin (2ème édition, 2010).
- VAN PRAËT Michel, 2004, « Les patrimoines matériels et immatériels des institutions de recherche dans la diffusion des savoirs », in *Regards sur le patrimoine culturel des universités*, Université de Lille 1, les 1er et 2 avril 2004.
- WALLACE Margot A., 2006, *Museum Branding. How to Create and Maintain Image, Loyalty, and Support*, Altamira.
- WALLACE Sue-Anne, 2003, "University museums at the crossroads", *Museologia*, Lisbonne, vol. 3, n° 1&2.

Les collections du Musée zoologique de Strasbourg

Marie-Dominique Wandhammer
Conservateur du Musée zoologique de Strasbourg

À Strasbourg, au début du XIXe siècle, un muséum d'histoire naturelle voit le jour. Quelque cinquante années plus tard, ses collections ayant été dispersées, il se transforme en musée zoologique. Pendant presque deux siècles, ces deux institutions sont dirigées par des universitaires, enseignants en sciences naturelles, zoologie, paléontologie... L'histoire de ces institutions et surtout de leurs collections, l'analyse de l'action des différents directeurs et conservateurs permettent de mieux cerner l'influence de cette direction universitaire sur la gestion, l'enrichissement et la valorisation des collections, mais aussi de comprendre comment la notion de musée public fut perçue par des personnes *a priori* plus préoccupées d'enseignement et de recherche.

L'histoire de ces musées se découpe de façon relativement nette en quatre périodes : la gestion française jusqu'en 1870, la gestion allemande de 1870 à 1918, la période allant jusqu'en 1945, puis la période la plus récente. Mais qu'en est-il de la première étape, celle de la création au XIXe siècle du Muséum d'histoire naturelle de Strasbourg ?

En 1804, la ville de Strasbourg fait l'acquisition de presque la totalité des collections du cabinet d'histoire naturelle de Jean Hermann. Ce professeur de médecine, de philosophie et de botanique, avait constitué dans son appartement strasbourgeois, un cabinet d'histoire naturelle qu'il utilisait pour l'enseignement de l'histoire naturelle peu développée à l'époque. Cet enseignement s'adressait non seulement à ses étudiants, mais aussi à tous ses concitoyens (et même aux femmes) quelle que soit leur origine sociale. Ce cabinet présentait des objets des trois règnes et était riche de quelques milliers de spécimens obtenus par le biais de scientifiques, d'explorateurs…

Que fait la ville de cette collection ? Elle la laisse dans l'appartement de Jean Hermann sous l'autorité de son gendre Frédéric Louis Hammer, professeur d'histoire naturelle à l'école de pharmacie, qu'elle charge d'organiser un cours public d'histoire naturelle. Elle alloue pour l'entretien des collections une somme de 1 800 F. Le musée « public » n'existe pas vraiment à l'époque. Ce n'est qu'en 1818, à la création au sein de l'académie d'une faculté des sciences (il n'existait à Strasbourg que trois écoles : santé, pharmacie et centrale) que l'académie va demander à la Ville le transfert des collections d'Hermann dans les locaux du nouvel établissement qui vient d'ouvrir derrière la cathédrale. Par un arrêté du 29 juin 1818, la ville accepte ce transfert et stipule que « *l'Académie a pleine et entière jouissance du musée Hermann* ». C'est à partir de ce moment-là que se crée réellement un musée public d'histoire naturelle avec la mise en place de structures administratives et d'un système de gestion particulier. En 1818, le recteur organise un comité provisoire pour s'occuper du classement, de l'inventaire et de l'entretien des collections. Mais c'est en mai 1819, qu'est instauré un système spécifique : une convention règle les relations entre l'Académie et la Ville et instaure une commission mixte et bipartite Académie-Ville pour contrôler le fonctionnement du musée. Six membres forment le comité de conservation du musée. Il existe un pouvoir partagé de l'établissement, la ville met les collections à disposition de l'académie, cette dernière doit en assurer la gestion, l'exploitation scientifique et la présentation au public. Le règlement fait du professeur d'histoire naturelle le directeur du musée. Le musée perçoit des aides municipales, mais aussi de l'État. Après sa translation au séminaire, comme il se situe dans des locaux universitaires, sa fonction première d'enseignement universitaire est confortée, mais son ouverture au public est concrète et comme le dira plus tard, Dominique Auguste Lereboullet, dans « Sa notice sur le Musée d'histoire naturelle de Strasbourg » (*La Revue d'Alsace*, 1838) « l'histoire naturelle est enfin mise à la portée de toutes les classes de la société ».

Quatre directeurs se succéderont jusqu'en 1870. Le premier est bien entendu F. L. Hammer, qui prend à cœur cette ouverture au public. Dès 1818, il va s'occuper de la partie publique et de la mise en place des spécimens dans les salles allouées au musée, mais c'est surtout en 1825, lors du second déménagement dans des locaux plus spacieux du nouveau bâtiment de l'Académie, qu'il va effectuer une véritable sectorisation avec une ou plusieurs pièces dédiées à un domaine précis de l'histoire naturelle. Les frais occasionnés par l'achat de meubles montrent toute l'importance de la place donnée à la présentation. Il demande le concours d'un conservateur pour remplir les charges qu'il assumait avant (catalogage, détermination, registres...). C'est le comité de conservation qui règle l'emploi des fonds, détermine les échanges et décide des nouvelles acquisitions bien évidemment sous l'impulsion du directeur.

Georges Louis Duvernoy lui succédera en 1827. Quelle politique va-t-il développer ? Il cherche à compléter les collections par de nouveaux spécimens. Ses liens avec le Muséum de Paris et en particulier avec Georges Cuvier vont lui permettre d'enrichir considérablement les collections de nombreux doubles de cette institution. Il va aussi développer un important réseau, qui perdurera jusqu'en 1870, d'Alsaciens expatriés au bout du monde (commerçants, missionnaires, militaires...) et de naturalistes qui achètent et adressent au musée des centaines de spécimens. Il exploite avec bonheur ces réseaux et découvre parfois des espèces intéressantes comme le macroscélide de Rozet dont le musée strasbourgeois possède le spécimen-type. Mais, il ne développe pas de collections d'études ou de recherches, les collections restent principalement des collections d'enseignement et de vulgarisation scientifique. La seule orientation particulière que va donner Duvernoy, qui se préoccupe d'anatomie comparée, c'est la création d'une collection dans cette discipline. Il obtient aussi un relèvement des crédits jusqu'à 5 000 F en 1833 et le financement par la ville d'acquisitions extraordinaires comme la collection de lépidoptères de Franck à hauteur de 7 000 F, première collection d'entomologie à entrer au musée.

Lui succèderont D. A. Lereboullet, puis Wilhelm-Philipp Schimper, entré au musée en 1833.

D. A. Lereboullet, dans sa notice sur le musée, regrette que les fonds alloués par la ville soient plus dévolus à l'achat de vitrines ou à l'entretien qu'aux acquisitions qui ne se font que lentement du coup. Il cherche alors à étendre le cercle de ses relations pour augmenter sans frais les collections (il travaille pour cela avec des amateurs régionaux) et à faire des échanges qui à cette époque, vont bon train, sous l'œil parfois agacé du maire qui lui en fait la remarque. Ce dernier juge qu'aucune pièce appartenant à la Ville de Strasbourg ne doit sortir sans son accord. Les rapports sont parfois tendus et le seront aussi jusqu'au milieu du XXe siècle. Mais avec W.P. Schimper, ils trouveront une autre solution pour s'affranchir de l'insuffisance des crédits, mais aussi du regard de la commission et celui du maire en particulier, ils créent tous les deux l'association strasbourgeoise des amis de l'histoire naturelle qui regroupe des personnalités de la société civile, militaire, religieuse, universitaire. Ils pourront consacrer plus de 30 000 F à l'achat de spécimens dont ils auront fait tous deux le choix.

W.P. Schimper sera une personne marquante pour le musée. Il est passionné par la botanique, la paléontologie et la glaciologie, sciences auxquelles il consacre plusieurs voyages et expéditions. Ses travaux et ses collections de recherche ne sont pas déposés au musée zoologique, mais dans les collections des instituts correspondants, comme à l'herbier de l'Université Louis Pasteur. S'il est clair qu'il a favorisé le développement de domaines de sa compétence, il n'a jamais sacrifié pour autant la zoologie. Son souci de compléter les collections, de rechercher de nouvelles espèces ou sous-espèces lors de ses voyages a toujours été présent. Il utilise ses contacts scientifiques comme Louis Agassiz, alors aux États-Unis, avec qui il a fait de nombreuses études sur les glaciers, pour enrichir le musée de spécimens divers et en particulier de poissons. Il profite aussi des voyages de son cousin Georg Philipp Schimper en Moyen-Orient, puis en Abyssinie, pour obtenir, parfois gratuitement, des spécimens de ces régions comme le crocodile du Nil qui trône encore au musée. Il est, comme ses prédécesseurs, à la recherche d'objets rares surtout.

La gestion allemande

Le passage sous domination allemande va apporter un changement dans la gestion des collections. Le premier changement, on peut parler de bouleversement, fut l'application du modèle d'université créée à Berlin par Wilhelm Von Humboldt, qui préconisait d'associer enseignement et recherche pour l'enseignement supérieur et qui provoque la scission des collections et leur répartition entre les instituts spécialisés. Le 8 juillet 1880, une nouvelle convention stipule que la ville donne ses collections de géologie, minéralogie, paléontologie et de botanique à l'université. Les collections zoologiques restent sa propriété et comme le relate Ludwig Heinrich Philipp Döderlein en 1885, elles comportaient 1 600 mammifères, 9 500 oiseaux et une collection spéciale de la faune d'Alsace. En 1893, elles sont installées dans le bâtiment actuel. Le musée zoologique, nouvellement créé, voisine avec des laboratoires et des salles d'enseignement. Aucune réserve n'existe et les trois étages du bâtiment sont dévolus à la présentation des collections et à différents équipements techniques : ateliers de taxidermie, de moulage, de menuiserie, magasin d'emballage, dépôts de pièces à préparer, réserve de verrerie... Cette présentation exhaustive conduit par exemple à monter presque toutes les peaux d'oiseaux, fait rare dans un musée.

Les deux premiers directeurs, Oskar Schmidt et Alexander Goette, montrent peu d'intérêt pour le musée. Le premier, un spécialiste des éponges, continue son travail de recherche. Une petite partie de sa collection, répartie dans divers musées européens, est actuellement gérée au musée. Le second s'attache plus à ses fonctions d'enseignement. Il fera acquérir, pour illustrer ses cours d'anatomie et d'embryologie comparée, cette collection de surprenants modèles en verre créés et réalisés par une famille de verriers, les Blaschka.

L. Döderlein le rejoint en 1882. Ce dernier arrive du Japon où il avait enseigné, invité par l'empereur du Japon au moment de l'ère Medji. Il ramène dans ses bagages plusieurs milliers de spécimens, essentiellement marins, ce sont ses collections personnelles qu'il entrepose au musée et dont il vendra d'ailleurs une partie à différents musées allemands ou suisses. C'est le démarrage d'une nouvelle ère de prospérité pour le musée. L. Döderlein en fait un des établissements dont l'empire allemand s'enorgueillit le plus. Il s'attache à combler les lacunes, particulièrement en entomologie et malacologie. En entomologie, il acquiert un spécimen de chacun genre de chaque famille. En malacologie, il fait de nombreux achats auprès des comptoirs d'histoire naturelle et la collection reflète bien les connaissances en malacologie de la fin du XIXe. Les spécimens sont beaux, utiles à la présentation, mais souvent peu renseignés : les indications sont souvent lapidaires.

L. Döderlein va aussi travailler avec les autres scientifiques allemands des premières expéditions océanographiques allemandes : la Südpolar Expedition, la S.M.S Gazelle, la Deutsche Tiefsee Expedition. Il travaille sur les spécimens d'échinodermes rapportés et rédige les rapports pour ce groupe. En échange, le musée strasbourgeois récupère un certain nombre de spécimens, très bien renseignés et scientifiquement utilisables.

L. Döderlein s'attache aussi le concours durable ou passager d'une pléiade de zoologistes pour la détermination et le classement de certains groupes (on retrouve par exemple Arnold Edward Ortmann, pour la partie crustacés). Il favorise à l'époque les publications sur les collections du musée, mais fait aussi travailler les scientifiques sur ses collections personnelles.

La période française jusqu'en 1945

Le retour sous le giron de la France en 1918 eut un effet immédiat sur les collections du musée : les collections de L. Döderlein, traité de Versailles oblige, deviennent propriété du musée. Après de nombreuses tractations, L. Döderlein parviendra à récupérer un petit nombre de spécimens. Cet apport fut conséquent, L. Döderlein étant un des premiers scientifiques à étudier la faune marine japonaise, sa collection renferme de nombreux types.

Plusieurs directeurs vont se succéder, trop rapidement pour pouvoir vraiment donner une impulsion, difficile à donner il est vrai dans cette période d'après-guerre. Quel que soit leur domaine de recherche, aucune de leurs collections de travail n'a abouti au musée strasbourgeois. Emile Topsent, spécialiste des éponges, a bien revu la collection de Strasbourg, Paul de Beauchamp celle des planaires, mais chacun a, à son départ, emporté sa collection de travail.

L'argent manque et difficile alors de développer le musée comme le signale E. Topsent. Pour des questions financières, la situation avec la ville est assez tendue, ce qui conduit à la rédaction d'une nouvelle convention en 1929 qui définit les charges de chacune des parties. La subvention de la Ville est portée à 130 000 F. L'Université paye deux conservateurs ayant rang de chef de travaux et d'assistant (dispensés de tout travail universitaire), un aide technique, un concierge et l'aide du menuisier de l'Institut. La plus grande partie de la subvention sert à payer ce personnel. L'Université est astreinte d'affecter au matériel un crédit égal au moins à 1/6ème de celle-ci. Elle donne à la Faculté des sciences une somme conséquente en remboursement des frais généraux de l'immeuble. Il existe toujours une commission bipartite qui prend régulièrement connaissance de la situation.

E. Topsent va quand même s'attacher à développer une section dite de zoologie appliquée pour, comme il le dit lui-même dans un courrier adressé au maire, « essayer de répondre aux préoccupations de ses concitoyens ». E. Topsent va cependant orienter le travail de son équipe. En effet, il crée en 1920 une station entomologique spécialement orientée sur la protection des végétaux dont il confie la gestion au personnel scientifique qui va effectuer un travail important d'expertise et de renseignement agricole pour les cultivateurs et horticulteurs d'Alsace et de Lorraine. Le travail sur les collections se fait moins intense.

De Beauchamp va se soucier de muséographie et sera très critique par rapport à la gestion allemande de la présentation permanente : il estime que ce qui a été accumulé dépasse ce qui est nécessaire à la vulgarisation et à l'instruction du public. Il regrette aussi que les Allemands aient décidé de tout mettre sous les yeux du public. Il pointe une surcharge des vitrines, qui fatigue l'attention des visiteurs et le fait que de nombreux spécimens n'intéressent que les spécialistes. De plus, il estime qu'il ne peut plus y avoir d'enrichissement ultérieur. Il regrette aussi l'ordre systématique que rien ne vient rompre. Il pense que l'on aurait pu mettre des séries anatomiques, éthologiques ou géographiques et n'ouvrir que la moitié ou les deux-tiers de l'espace public et consacrer le reste à des réserves pour les chercheurs. Mais, il fait le constat qu'un remaniement est impossible, car demandant des sommes considérables. Quelques améliorations de détail auront lieu :

l'aménagement d'une petite pièce au 3ème permet d'aérer la collection d'oiseaux, de réserver quelques vitrines aux généralités sur ce groupe avec pièces anatomiques et embryologiques, nids, variation géographique…

Pendant la Seconde Guerre mondiale, les Allemands envisagent un agrandissement des laboratoires, d'où une diminution des présentations permanentes et des collections et la nécessité de déménager une partie des collections, celles des grands mammifères naturalisés et de leurs squelettes, collection qui partira malheureusement en fumée lors du bombardement du bâtiment où elles avaient été entreposées.

De l'après-guerre à aujourd'hui

Les rapports entre la Ville et l'Université sont à nouveau tendus. L'Université française veut réaliser ce que les Allemands ont amorcé : l'agrandissement des laboratoires. La Ville exige la rédaction d'une nouvelle convention. S'en suivent des négociations longues et laborieuses entre les deux parties pour résoudre la répartition des locaux et modifier le contrat entre la Ville et l'État concernant les collections de la ville et leur administration par le musée.

La nouvelle convention permet de définir clairement le statut des collections, les surfaces affectées au musée, le fonctionnement… Ainsi, elle stipule que la Ville réunit l'ensemble de ses collections à l'Institut de zoologie sous une même direction et ce à des fins d'enseignement et d'éducation populaire. Le droit de propriété de la Ville est maintenu pour les objets faisant actuellement partie de cette collection ainsi que pour ceux qui seront acquis par la suite sur les fonds des subventions municipales. Ce droit de propriété sera marqué d'un signe distinctif et indépendamment des mesures d'inventaire qui leur sont applicables.

De même, elle confie la direction scientifique et l'administration des collections municipales au directeur de l'Institut ou à un autre professeur de zoologie, avec charge pour l'État de fournir un directeur qui reçoit une indemnité, un chef de travaux (conservateur) et un assistant (conservateur-adjoint), ces derniers étant déchargés de toute charge universitaire. La Ville rembourse au Trésor les émoluments du personnel scientifique et verse une somme égale à 50 % de celle qu'exige le paiement du personnel scientifique et prend en charge la surveillance des collections.

Elle établit une commission forte de 10 membres, mais le directeur doit justifier annuellement de ses activités au sein du musée auprès du maire.

Cette convention va assainir les rapports entre les deux parties, mais cette dernière période ne sera pas très propice à une gestion correcte des collections. La fonction de direction n'est que très partiellement assurée, peu de directeurs se passionnent pour cette institution. Ils prennent en tout cas le parti d'acheter avec les dommages de guerre des collections vouées vraiment à l'enseignement et de réaliser une salle dite des invertébrés typique de l'enseignement universitaire. Les conservateurs en poste voient leur carrière stagner, il n'y a pas de reconnaissance du travail effectué dans le cadre du musée. Ils se tournent vers des domaines plus gratifiants, tant aux yeux du public, qu'aux yeux des élus seuls capables de leur témoigner une certaine reconnaissance, du moins sociale. C'est l'époque de la réinstallation de vitrines (on crée des dioramas) et des premières expositions temporaires qui vont prendre un essor considérable. Pour ce faire, on crée de véritables salles d'expositions temporaires, ceci entraîne un réaménagement des réserves (qui étaient restées en l'état depuis les Allemands), les vitrines anciennes sont démolies et on procède en deux étapes à l'aménagement d'armoires mobiles, les collections en alcool sont quant à elles descendues dans une cave, véritablement insalubre. Elles souffriront d'ailleurs de ce stockage.

Certaines expositions d'ampleur vont avoir lieu. Le personnel n'ayant guère augmenté, la charge considérable de travail pour les expositions va entraîner un délaissement des collections qui vont être confiées, pour leur gestion, à des bénévoles. Ces personnes, dont une à temps plein, vont effectuer un travail considérable de classement et d'inventaire, mais sans véritable notion de gestion d'une collection et en totale autonomie. Ce sont elles qui auront la charge de répondre à toutes les demandes de prêt de spécimens qui vont à l'époque bon train. Les conservateurs suivent de loin la gestion des collections. Cette situation a entraîné de nombreuses incohérences dans l'inventaire, le suivi et le reconditionnement des collections. Nous avons eu énormément de difficultés à reprendre la main sur certaines collections, en particulier l'entomologie où les conservateurs n'étaient même pas au courant des envois. C'est cette discipline qui n'est que très partiellement inventoriée qui pose à l'heure actuelle le plus de problèmes : prêts non formalisés et non suivis, collections nominales éclatées, classement incohérent. Cette période a quand même eu des retombées positives : le don de plusieurs collections importantes entomologiques par le biais justement de ces bénévoles.

L'analyse de deux siècles d'histoire des collections permet aisément de dégager un engagement important des directeurs et conservateurs jusqu'au milieu du XXe siècle. Les fonctions de direction ont été assumées de façon très marquées pendant toute cette période et malgré leurs fonctions d'universitaire, ils ont été plus qu'attentifs à la dimension d'éducation du public et à la nécessité d'une présentation en adéquation avec les préoccupations de leurs concitoyens. En parallèle, l'enrichissement des collections est marqué par le souci de la recherche de pièces nouvelles et rares, par le besoin d'exhaustivité, de représentativité par rapport aux connaissances de l'époque. Les collections actuellement conservées au musée zoologique ne sont pas des collections de recherche à proprement parler, elles s'identifient plus à du matériel d'enseignement universitaire et d'éducation du public.

Protection et mise en valeur des collections scientifiques

Collections scientifiques et techniques : quelques réflexions sur les enjeux en conservation et restauration

ROLAND MAY
Conservateur en chef
Directeur du Centre interrégional de conservation et
de restauration du Patrimoine

La loi sur les musées de France du 4 janvier 2002 [1] dotait enfin un important secteur patrimonial d'un cadre législatif [2] et remplaçait une ordonnance provisoire... datant de 1945. Elle reconnaissait notamment aux collections dites « Musées de France » le statut d'inaliénabilité, d'imprescriptibilité et d'insaisissabilité [3] et créait des instances de guidance et de contrôle : Haut conseil, commissions...

Mais sa portée va au-delà des simples questions de fonctionnement et de procédures. Elle définit un nouveau cadre d'intervention et une nouvelle approche qui, pour porter leurs effets, nécessitent réflexions et concertation de la part des professionnels de la conservation et plus largement de tous ceux qui s'engagent dans une démarche de pérennisation de biens culturels dans le but de les « conserver, restaurer, étudier et les enrichir » comme le définit cette loi [4].

---

[1] La loi sur les musées de France a été intégrée dans le code du patrimoine (ordonnance du 20 février 2004) et en constitue le chapitre IV.

[2] 1913 pour les monuments historiques et 1941 pour l'archéologie.

[3] Titre V du chapitre IV : Collections des musées de France. La loi se caractérise particulièrement par la place qu'elle donne aux collections et à leur conservation, dans le sens le plus large de ce mot intégrant autant l'acquisition, l'inventaire, l'état matériel et leur transmission. Elle s'inscrit totalement dans la tradition issue de la Révolution française d'un État garant du patrimoine national qu'il lui appartienne ou appartienne à d'autres puissances publiques. Elle renforce considérablement le dispositif de l'ordonnance provisoire. cf. J. Chatelain, *Droit et administration des musées*, La Documentation française, Paris, 1993 ; M. Cornu et N. Mallet-Poujol, *Droit, œuvres d'art et musées*, CNRS Droit, 2001, 1ère édition, p. 131-144.

[4] Art L. 441-2.

Elle met en place un même dispositif pour tous les musées quels que soient le type de collections et leur ministère de tutelle, Culture, Éducation nationale, Défense pour ne citer que les plus importants. Elle établit une politique commune entre des domaines qui, en raison de leur histoire institutionnelle, ont eu depuis près de 50 ans des objectifs et des démarches très différents. L'instauration du ministère Malraux en 1959 a entraîné la scission entre la création artistique, exposée dans les musées d'art rattachés au jeune ministère, et la nature et le savoir-faire laissés dans le giron du ministère de l'Éducation nationale. Mais plus qu'une répartition, il faut surtout retenir, même si le schéma peut paraître caricatural, l'existence de deux conceptions, l'une orientée vers la conservation et la diffusion centrées sur l'objet – l'œuvre d'art –, l'autre vers la recherche et la publication considérant l'objet comme support d'une connaissance et d'un discours. Cette divergence s'est d'autant plus accentuée que les moyens et les enjeux furent très différents entre ces deux secteurs [5] durant toute cette période.

La loi sur les musées place donc tous les domaines scientifiques conservant des biens culturels et à connotation patrimoniale dans un cadre unique avec des principes et des modalités identiques mais fortement imprégnés des concepts venus du monde de la culture [6].

Dans le domaine de la conservation-restauration, ceci se traduit, pour les musées de France, par l'instauration d'une commission de restauration et le recours à certains types de professionnels pour des travaux de conservation et de restauration [7].

---

[5] Le ministère de la Culture fut doté de moyens financiers conséquents surtout après 1981. Nombre de musées « culture » furent rénovés, ils se sont professionnalisés autour de la gestion des collections (conservateurs, régisseurs, restaurateurs) et la conservation a été un point central de leurs activités. La dynamique fut bien moindre pour les musées de l'Education nationale qui ne connut dans les années 1980 guère que la rénovation de la Grande Galerie, menée avec peu de moyens par des enseignants-chercheurs et non des professionnels de la conservation.
Cette différence de voie, de conception et d'état des lieux a pu être mesurée lors du projet du quai Branly avec le regroupement des collections du Musée d'art africain et océanien (ministère de la Culture) et du Musée de l'Homme (ministère de l'Education nationale).

[6] Le pilotage de cette loi, la rédaction des textes d'application et la mise en place du dispositif, certes en concertation avec les autres ministères, ont été conduits par la Direction des musées de France et les instances déconcentrées du ministère de la Culture : DRAC et conseillers pour les musées

[7] Art. L. 452-1. Dans chaque région sous la présidence de la Direction régionale des affaires culturelles ou au sein de chaque institution muséale de l'État, une commission de restauration examine les dossiers de conservation et de restauration Les professionnels sont des restaurateurs diplômés de l'Institut du patrimoine (dep. des restaurateurs), du Master Paris I, l'Ecole de Tours (sculpture) et l'Ecole d'Avignon (peinture) ou habilités par le ministère de la Culture. Lors de la mise en place de ce dispositif, peu de professionnels répondaient à ces critères pour les collections d'histoire naturelle et celles appartenant au patrimoine technique.

Cette nouvelle donne nécessiterait une large réflexion sur le rapport entre les collections scientifiques et techniques et le concept conservation-restauration reconnu aujourd'hui en France – et plus largement en Occident –, et forgé depuis plus de 60 ans à partir et autour de l'œuvre d'art [8].

Cet article n'ambitionne aucunement d'y répondre, il souhaite simplement inciter les acteurs : responsables de collections, restaurateurs, institutions, ministères.... à y réfléchir et à y porter attention, réponses et aides à la décision face à de nombreux questionnements que leur pose ce dispositif « musée de France ». Il peut aussi intéresser, plus largement et plus en amont, ceux qui souhaitent constituer une collection, préalablement ou même en dehors du dispositif « musée de France ».

Ce besoin nous paraît d'autant plus pressant que la possibilité de se référer à un acquis ou une méthodologie est malheureusement relativement réduite en France. Mais n'est-elle pas d'une certaine manière le reflet non seulement de la coupure institutionnelle post-Malraux mais de la place du patrimoine scientifique et technique dans la conscience patrimoniale française issue des années 1970-1980 [9] ?

Si l'on peut éventuellement considérer que ces questions de conservation des collections scientifiques et techniques relevant du ministère de l'Éducation nationale n'ont pas été vraiment abordées en son temps car aux mains de chercheurs peu sensibles, on ne trouve pas forcément plus de réponses en se tournant vers celles se développant à partir des années 1970-1980 au sein des musées relevant du ministère de la Culture. La moisson n'est guère riche. Les publications – d'une réelle pauvreté en langue française pour les collections spécifiquement scientifiques et techniques – s'attardent essentiellement sur la restauration et la question récurrente de la mise ou non en mouvement de l'objet ou la machine, focalisant ainsi l'attention sur quelques problématiques face à une masse considérable

[8] La déontologie de la restauration a été définie notamment à partir des réflexions de Cesare Brandi, fondateur et directeur de l'Istituto centrale per il Restauro à Rome, dans sa *Théorie de la Restauration* en 1963 (disponible en français, Paris 2000), et faisant suite à de longs débats initiés entre autres à partir de Ruskin, de Viollet-le-Duc et de Riegl. L'excellente introduction de G. Brunel permet d'aborder les grands principes de Brandi (« Cesare Brandi : la matière et l'image », pp. 9-21). Cf. *Cesare Brandi, La restauration : méthode et études de cas*, Institut national du patrimoine, 2007.

[9] Le colloque *Musées et sociétés*, Mulhouse 1991 retrace l'histoire de ces musées et les différentes questions de l'époque : une référence aujourd'hui et une base de réflexion pour analyser l'évolution depuis un quart de siècle. Il est intéressant de le comparer par exemple avec K. Falconer : « The industrial heritage in Britain – the first fifty years », *La revue pour l'histoire du CNRS*, n° 14, mai 2006
(mis en ligne 3 mai 2008 URL : http://histoirecnrs.revues.org/document1778.html).

d'objets souvent orpheline de réponses [10]. Rares sont les publications traitant de conservation et de restauration qui s'appuient sur des exemples relevant du domaine des sciences et des techniques. Depuis cette conclusion de Sylvie Vincent en 1991 : « Cette étude sur les pratiques en matière de conservation et de restauration des collections de machines... montre clairement que la conservation et la restauration des machines relèvent actuellement plus d'un certain empirisme que d'une pratique véritablement raisonnée... » [11], les réflexions et le raisonnement n'ont guère avancé au regard des publications. Ce même sentiment de constat résigné se retrouve ainsi quinze ans plus tard : « Les problèmes spécifiques rencontrés par les professionnels de la restauration, confrontés au champ du patrimoine scientifique et technique, conduisent à ce que beaucoup de projets restent inachevés » [12].

L'opportunité pour le Conservatoire national des arts et métiers de relancer le débat, en espérant cette fois-ci entraîner un apport de réponses, a peut-être plus de chance d'aboutir aujourd'hui pour des raisons diverses mais convergentes : l'apparition de questionnement lors des commissions de restauration mises en place depuis 2002 et la nécessité par la loi d'y trouver réponse, la possibilité d'établir un bilan de trente ans dans les musées de la Culture, l'évolution en France du rapport conservation et restauration depuis une dizaine d'années.

La réflexion est nécessaire et ne peut se contenter encore de ce constat actuel : « En attendant que ces difficultés, qui dépassent largement la portée d'un seul musée, soient prises en compte de manière globale, il ne reste à chaque institution qu'à construire sa propre politique de conservation, en toute conscience des limites qui lui sont imposées par le contexte actuel » [13].

Dans cette perspective et dans le cadre de ce colloque, pour tous ceux qui souhaitent constituer une collection ou ceux qui ont à en gérer, ne pour-

---

[10] Ce constat reflète bien une démarche « beaux-arts » dominée dans les années 1980-1990 par la restauration lors des grands chantiers de rénovation (Lyon, Lille, Nancy, Grenoble...) mais inadaptée aux enjeux de collections multiples. La conservation préventive n'apparaît en France qu'au milieu des années 1990 et même le colloque de Lewarde en 2002 fut restreint à cette seule approche de restauration. Enfin aucun document, aucun vade mecum n'a été publié par les instances nationales malgré divers travaux de commission (1996-1998, cf *Techné*, ci-dessous, p. 102).

[11] S. Vincent, « La restauration et la conservation des machines industrielles : analyse des pratiques à partir de l'exemple de quelques musées français », Colloque *Musées et sociétés*, Mulhouse 1991, p. 125-128.

[12] A-L Carré, « La conservation du patrimoine scientifique et technique, un défi à relever », *Coré* , 17, p. 3-7 ; ce long cheminement est rappelé dans S. Leluc, F. Mirambet, A. Paris et A. Texier, « Conservation-restauration des éléments métalliques du patrimoine technique et industriel », *Techné*, 18, 2003, p. 101-105.

[13] F. Collanges : « La politique de conservation d'une collection d'horloge », *Coré*, 20, juin 2008, p. 9.

rait-on proposer de mener ces réflexions méthodologiques à travers trois actions fondamentales : pérenniser, conserver et restaurer.

Pérenniser

Une démarche patrimoniale, de surcroit à vocation « musée de France » induisant inaliénabilité et conservation-restauration encadrée, doit nécessairement et préalablement à toute décision s'interroger sur le « pourquoi pérenniser ». La patrimonialisation change le statut de l'objet en le faisant sortir de sa vie passée et de son usage quotidien et l'inscrit dans une temporalité à vocation quasi d'absolu.

Cette perspective nécessite des dispositifs de conservation qui compensent la perte de pratiques (entretien, usage, maintenance) et offrent des garanties de pérennisation à un objet destiné, lors de sa fabrication, à remplir un usage précis et non à braver des siècles, à la différence des œuvres d'art.

D'autre part les raisons du choix de pérenniser ou non doivent tenir compte de cette nouvelle temporalité. En quoi les caractéristiques de l'objet choisi pour être pérennisé ont-elles un sens aujourd'hui mais aussi demain dans une démarche de transmission, notion corollaire à celle de pérennisation ? On peut illustrer cette interrogation avec l'exemple des évolutions technologiques d'une machine. Que retenir pour établir une typologie qui soit représentative et significative des avancées techniques et de leurs apports (amélioration de la production, conditions d'usage…) ? Quel sens a cette typologie sur une décennie, sur un siècle ?

Ce questionnement a souvent manqué lors de la constitution ou de l'enrichissement de collections scientifiques et techniques surtout lorsqu'elles furent constituées par des associations dans une démarche de mémoire afin de sauvegarder leur outil de travail et non dans une dimension historique, avec la définition de référents. L'absence de tri et de critères dans une perspective de pérennisation, et non de sauvetage immédiat, a bien souvent entraîné une accumulation d'objets et de machines en multiples exemplaires, plus en moins complets et documentés, et qui aujourd'hui, de par leur présence dans un musée de statut public ne permet plus de faire ce tri, alors que le contexte a changé et que l'approche historique a succédé à la démarche de mémoire.

Mais on peut aussi noter des cas similaires menés par des professionnels de musée dans les années 1970-1990 lorsque ce champ scientifique et technique s'affichait dans certains cas comme une démarche militante au sein du monde de la culture peu réceptif à ce domaine appelé « expérimental » dans les années 1980 à la Direction des musées de France. L'accumulation devait démontrer la nécessité de s'intéresser à ce domaine, l'inscription sur l'inventaire de musée validait l'objet comme référent. L'étude était reléguée à une étape ultérieure. Le bilan au terme de trente ans montre dans bien des cas des situations aujourd'hui difficilement gérables car la masse est conséquente, la qualité en objets référents relative dans certains cas et les besoins financiers difficilement plaidables face à une représentatibilité discutable. Ces situations, dont certaines sont inextricables, auraient pu être évitées par un questionnement et une démarche plus sélective en amont.

Cet écueil est aujourd'hui limité par le dispositif « musée de France » [14]. Cette démarche nous semble indispensable même si on ne recherche pas une vocation « musée de France ».

Une politique de conservation induit ces questions avant même de la mettre en œuvre. Les questionnements évoqués précédemment en font intégralement partie [15]. Une définition de critères intégrant la qualification de référent et de temporalité, une hiérarchisation et un choix argumentés, une connaissance des collections similaires existantes sont indispensables au risque de produire quelques années plus tard des effets d'incapacité, de lassitude face aux problèmes accrus que peuvent engendrer de telles collections et entraînant un résultat contraire au but initialement recherché.

Conserver

Cette première étape franchie, il s'agit alors de mettre en place des conditions de conservation permettant de répondre à cette pérennisation réfléchie et à cette volonté de transmission.

Faut-il définir une politique identique pour l'ensemble des collections, ont-elles, même après le tri précédent, une vocation identique ? Dans le dispositif actuel de « musée de France », si l'on considère que nous venons de passer ce cap dans notre approche méthodologique, la réponse est affirmative et sans nuance.

---

[14] L'attribution de l'appellation « musée de France » repose sur la production d'un projet scientifique et culturel qui doit avoir répondu, entre autres, à ces questions de choix et de positionnement de la collection. D'autre part l'instauration des commissions d'acquisitions devrait aussi réguler l'entrée de nouveaux objets dans les collections déjà constituées.
On peut regretter que le passage de l'ordonnance provisoire de 1945 à la loi sur les musées de France n'ait pas été l'occasion de mener, dans certains cas, ces démarches de hiérarchisation et de tri : elles auraient pu résoudre quelques situations aujourd'hui inéluctables et bien souvent source de conflits.

[15] L'affirmation bénéfique ces dernières années du concept « conservation préventive » a aussi des effets indus par une attention centrée sur des questions environnementales et techniques faisant oublier une notion malheureusement aujourd'hui reléguée en arrière-plan : celle de conservation qui recouvre d'abord une politique, une attitude et une chaîne comprenant précisément une démarche de hiérarchisation, d'inventaire, de gestion et de matérialité.

Il nous paraît néanmoins important de susciter quelques réflexions et de poser d'une autre manière la question soulevée par G. Brunel : « La question est de savoir s'il est correct de traiter avec les mêmes critères et les mêmes méthodes tous les témoignages matériels de la civilisation » [16]. À la différence des œuvres d'art, un objet scientifique et technique connait une rupture très importante entre sa vie passée – spécimens, instruments ou machines (usage, entretien) – et sa vie de conservation dans un environnement et une fonctionnalité artificiels. On cherchera à résoudre cet antagonisme par des compromis. La question antinomique de la mise en fonctionnement d'une machine, pour des raisons didactiques ou pour en assurer l'entretien, et le phénomène d'usure est un exemple bien connu.

Ne faudrait-il retenir l'idée d'objets à pérenniser mais à conserver différemment car leurs vocations au sein de l'institution sont différentes. Cette distinction peut se trouver dans l'appellation collections d'études et collections patrimoniales que nous proposerions d'élargir à « collections d'usage » et « collections patrimoniales ». Les premières pourraient être consacrées à des activités décidées par l'institution dans le cadre de son projet culturel et scientifique qui peuvent entraîner un usage particulier, générer des problématiques ou même provoquer des altérations : usure, détérioration, maintenance auxquelles on répondra par des opérations de type réparation [17]. Ces objets auront bien entendu été choisis en conséquence. Dans ce cas, l'objet scientifique et technique peut faire partie d'un projet de pérennisation sans pour cela s'inscrire nécessairement dans une temporalité absolue comme doit l'être l'objet scientifique patrimonial.

Ainsi ne serait-il pas intéressant d'avoir des objets bénéficiant du statut de collections publiques les protégeant d'une disparition, mais certains qualifiés de collections d'usage (didactique, démonstration, mise en situation...), d'autres de patrimoniale relevant de l'ensemble du dispositif « musée de France » : inaliénabilité, politique collégiale de conservation et restauration, recours à des restaurateurs diplômés ou habilités, destinées à être pérennisées et transmises aux générations futures ? Cette question, même si elle est délicate à aborder, mériterait pourtant de l'être notamment pour ce type de collections et de musées où la démonstration, le fonctionnement, la manipulation des objets par rapport au public et à sa compréhension sont des données importantes.

---

[16] G. Brunel : « Restaurer les mécanismes, un non-sens ? », *Coré*, 17, éditorial, p. 2.

[17] Sans développer ce point, il est nécessaire d'attirer l'attention sur le vocabulaire déjà souligné par S. Bergeon : « Ethique et conservation-restauration. La valeur d'usage d'un bien culturel », *La conservation : une science en évolution. Bilan et perspectives*, p. 16-22.

Cette distinction permettrait ainsi de proposer des conditions de conservation graduées et adaptées techniquement et financièrement à la destination que le projet scientifique et culturel aura définie. L'application de quelconque norme ou toute systématique peut prendre dans le domaine des collections scientifiques et techniques des proportions considérables. Une stricte approche globale que sous-tend la loi sur les musées de France peut, face à l'effort matériel et financier requis, faire échouer le projet alors qu'une approche hiérarchisée permettrait de répartir l'effort selon les enjeux et serait bien souvent plus compréhensible aux yeux des décideurs.

À ce jour, dans le cadre de la loi sur les musées de France, il n'est pas possible de distinguer légalement ces deux types de collections au sein d'une même institution [18]. La sélection avant le statut de « collections musée de France » doit donc être d'autant plus drastique.

Restaurer

Cette question a fait l'objet de nombreuses discussions souvent focalisées autour de la question du fonctionnement des machines ainsi que sur la question de l'authenticité de l'objet manufacturé issu bien souvent de plusieurs processus, sans oublier la « qualification » des restaurateurs, maîtres d'œuvre.

En premier lieu, dans la perspective de la méthode exposée ci-dessus, les objets concernés par la restauration relèvent uniquement des collections à vocation patrimoniale. Ils constituent de fait des pièces de référence, sortis de tout contexte de réalité et même soustraits à des utilisations didactiques. De fait de nombreuses questions telles que la mise en mouvement se posent différemment et leur statisme n'engendre pas, à notre avis, plus de perception décalée qu'une œuvre d'art de Tinguely ou de Soto, réduite à l'immobilisme [19].

La littérature anglo-saxonne bien plus abondante sur ce sujet rallie depuis longtemps ces principes [20].

En second point, l'action de restaurer, notion souvent galvaudée, est devenue depuis une dizaine d'années en France une action ciblée, cédant progressivement sa prédominance à une démarche de conservation. Alors que

[18] La question des collections actuelles « musées de France » issues de l'ancien dispositif de l'ordonnance provisoire reste donc entière.

[19] Cf. le dossier « Les œuvres en mouvements », *Coré*, 19, 2007, p. 3-35.

[20] JC Halam : " The preservation of working machinery. Ethical, pratical and legal problems for conservators and curators", *Restauration, dé-restauration, re-restauration,* Colloque ARAAFU, Paris 5-7 octobre 1995, p. 307-326, H. Newey, "*Conservation and the preservation of scientific and industrial collections*", Tradition and innovation advances in conservation, IIC, Melbourne, octobre 2000.

l'acte de conserver obéit à un objectif unique : assurer la pérennisation de l'objet en retardant le plus possible les effets du temps, même si on peut y intégrer, à notre avis, une hiérarchie, celui de restaurer obéit à des objectifs précis ou complexes souvent liés à l'étude ou à l'exposition de l'objet. Le recours à la restauration doit donc être pondéré.

Ces deux points acquis, la restauration d'un objet scientifique et technique peut alors se rapprocher dans sa démarche de celle pratiquée de longue date dans le domaine de l'art. Elle implique et justifie parfaitement le dispositif « musée de France » en terme de qualification du restaurateur qui est garant d'une technicité mais aussi d'une démarche et d'une déontologie. Elle se doit aussi d'être accompagnée d'une documentation, avant, pendant et après intervention. Ces points ont été parfaitement abordés dans le colloque de Lewarde [21].

L'éloignement entre les théories de la restauration et un objet scientifique et technique patrimonial n'est probablement pas aussi important que l'on pourrait le croire. Cette impression relève bien souvent d'idées préconçues et d'absence de dialogue et de connaissance réciproque. C'est pourquoi il serait intéressant et important de poursuivre certaines réflexions entamées [22] autour des principes édictés à partir de Cesare Brandi et les problématiques éventuellement spécifiques aux collections scientifiques et techniques.

On constate trop souvent un dialogue difficile entre des responsables de ce type de collection et les défenseurs des théories de Brandi. Sans entrer dans le débat, il faudrait reconnaître d'un côté que la perspective de Brandi concerne un domaine particulier et que la notion de patrimoine a considérablement évolué depuis cinquante ans [23]. À l'inverse, il ne faudrait pas considérer un objet scientifique et technique patrimonial fondamentalement différent d'une œuvre d'art.

On retrouve bien évidemment la notion de valeur chère à Riegl et qui sous-tend tout le processus de patrimonalisation.

L'interdisciplinarité et le croisement des regards si souvent répétés et malheureusement trop peu pratiqués en France seraient sans aucun doute une riche source de discussion : « Un horloger ou un opticien, en tant que tels, ne sont pas des restaurateurs et ne peuvent pas l'être, car il y a contra-

---

[21] *La conservation du patrimoine technique et industriel*, Colloque Lewarde, Lewarde 2002.

[22] M. Berducou, « Brandi, l'œuvre d'art et… tout le reste », article à paraître, mes remerciements à M. Berducou pour la communication de ce texte. Elle confronte trois cas de restauration à la pensée de Brandi : un objet aborigène, des céramiques archéologiques et une minoterie en Normandie.

[23] R. May, « Patrimoine(s) et Conservation-Restauration(s) », *CeROArt*, 4/2009, mis en ligne le 14 octobre 2009 : http://ceroart.revues.org/index1235.html.

diction entre les termes. Mais ils peuvent contribuer à la restauration, au même titre que le chimiste ou le physicien, chacun dans sa sphère de compétence, pratiquement cela signifie que la restauration d'instruments scientifiques ne peut être qu'un travail collectif »[24].

Il est des moments opportuns pour analyser un contexte et ses nouveaux enjeux. Il est des moments où le besoin de répondre à des nouvelles situations se fait pressant. La question de la conservation-restauration des objets scientifiques et techniques peut se poser aujourd'hui en ces termes.

La prise en compte des collections scientifiques et techniques dans le dispositif « musée de France », l'affirmation depuis ces dernières années de la conservation plus propice que la restauration à répondre à leurs problématiques et à leurs spécificités, l'expérience de trente ans d'une patrimonialisation élargie, une prise de conscience progressive d'une nécessaire hiérarchisation notamment face à des collections multiples, des démarches de normalisation européennes qui permettent des confrontations de pratiques, la place plus grande des problématiques technologiques et environnementales dans notre société, le rôle que les collections scientifiques et techniques peuvent y jouer sont autant de raisons et de paramètres qui peuvent aider aujourd'hui à définir une méthodologie.

Les enjeux de la conservation-restauration pour les collections scientifiques et techniques se trouvent dans une politique dynamique mais raisonnée pour les pérenniser, les conserver et les restaurer.

---

[24] G. Brunel : « Restaurer les mécanismes, un non-sens ? », *Coré*, 17, éditorial, p. 2.

Circulation des collections scientifiques : le cadre juridique de la CITES

Isabelle Michallet
Maître de conférences, Université Jean Moulin, Lyon 3

La Convention sur le commerce international des espèces de faune et de flore sauvages menacées d'extinction (*Convention on International Trade in Endangered Species of Wild Fauna and Flora – CITES*) constitue l'un des outils majeurs de la conservation internationale de la biodiversité [1]. Signé le 3 mars 1973 à Washington (entré en vigueur le 1er juillet 1975), ce traité est l'un des plus anciens du droit international relatif au patrimoine naturel ; ratifiée par plus de 170 États, la CITES fait aujourd'hui l'objet d'un large consensus et est devenue incontournable. Le mécanisme instauré est simple : en interdisant ou en contrôlant étroitement le commerce international des spécimens d'espèces animales et végétales menacées d'extinction comme des produits qui en sont issus, la convention ambitionne de mettre un terme à une activité compromettant la survie de ces espèces et d'empêcher leur disparition. La CITES régit ainsi très strictement le commerce international de l'ivoire depuis 1977 – écartant une menace majeure pour l'éléphant d'Afrique [2] – ou encore du caviar depuis 1998 – tentant de sauver les esturgeons [3]. Au-delà de ces exemples significa-

---

[1] Voir : W. Wijnstekers, *L'évolution de la CITES*, 7e éd., Secrétariat CITES, Genève, 2003 ; *Guide CITES*, Secrétariat CITES, Genève, 2003 ; M.-L. Lambert-Habib, *Le commerce des espèces sauvages : entre droit international et gestion locale*, L'Harmattan, Paris, 2000.

[2] L'éléphant d'Afrique a été inscrit en annexe II de la CITES le 4.2.1977 et en annexe I le 18.1.1990. Certaines populations ont ensuite été transférées à nouveau en annexe II. Voir : résolution Conf. 10.9, *Examen des propositions de transfert de populations de l'éléphant d'Afrique de l'annexe I à l'annexe II*, Harare, 20.6.1997 ; résolution Conf. 10.10 (Rev. COP 14), *Commerce des espèces d'éléphants*, Harare, 20.6.1997 (amendée aux 11e, 12e et 14e sessions de la Conférence des Parties) ; résolution 13.11, *Viande de brousse*, Bangkok, 14.10.2004.

[3] Si certaines espèces d'esturgeons ont été inscrites en annexes de la CITES dès 1975 (esturgeon à museau court, esturgeon atlantique…), la grande majorité de celles exploitées pour la production du caviar l'ont été en annexe II le 1.4.1998 (esturgeon à barbillons fran-

tifs, cette convention protège au total environ 5 000 espèces animales et 28 000 espèces végétales.

En France, la CITES est mise en œuvre par l'intermédiaire du droit communautaire : un règlement du 9 décembre 1996 fixe les règles du commerce des espèces visées par la convention, à l'intérieur du marché unique comme avec les pays tiers [4]. Ce texte reprend les obligations prévues par la convention et en crée d'autres, le régime applicable dans les pays de l'Union européenne étant finalement plus sévère que celui prévu à l'échelon international. Le code de l'environnement français impose par conséquent l'obligation d'obtenir une autorisation préalablement à toute une série d'activités de commerce touchant ces espèces protégées [5].

En sa qualité première de convention préservant la biodiversité, la CITES n'a pas pour fonction de protéger ou de mettre en valeur des collections scientifiques. Toutefois, elle n'ignore pas la dimension scientifique des espèces de faune et de flore qu'elle vise [6], et le cadre juridique qu'elle pose est suffisamment large pour régir, parmi d'autres aspects, la circulation des collections scientifiques [7]. Afin d'établir le rôle qu'elle joue en la matière, il faut commencer par déterminer l'applicabilité de la CITES aux collections scientifiques (I), puis préciser ensuite les restrictions qu'elle impose à la circulation de ces collections (II).

---

gés, esturgeon blanc, esturgeon de l'Adriatique, esturgeon du Danube...). Voir : résolution Conf. 12.7 (Rev. COP 14), *Conservation et commerce des esturgeons et des polyodons*, Santiago, 15.11.2002 (amendée aux 13ᵉ et 14ᵉ sessions de la Conférence des Parties).

[4] Règlement n° 338/97 relatif à la protection des espèces de faune et de flore sauvages par le contrôle de leur commerce, *JOCE* L 61 du 3.3.1997. Il est complété par le règlement n° 865/2006 du 4.5.2006 portant modalités d'application, *JOUE* L 66 du 13.6.2006. Voir : *La réglementation du commerce des espèces sauvages dans l'Union européenne*, Communautés européennes, 2007.

[5] Art. L. 412-1 et R. 412-1 à R. 412-7 du code de l'environnement. Voir aussi : arrêté du 30.6.1998 fixant les modalités d'application de la CITES et des règlements (CE) n° 338/97 du Conseil européen et (CE) n° 939/97 de la Commission européenne, *JO* du 9.8.1998 ; circulaire DNP/CFF n° 00-09 du 6.12.2000 relative aux modalités d'application de la CITES et des règlements (CE) n° 338/97 du Conseil européen et (CE) n° 939/97 de la Commission européenne ; circulaire DNP/CFF du 7.8.2006 relative à la simplification des procédures administratives applicables aux spécimens de certaines espèces animales sauvages protégées figurant aux annexes de la CITES.

[6] « *Les Etats contractants, [...] Conscients de la valeur toujours croissante, du point de vue esthétique, scientifique, culturel, récréatif et économique, de la faune et de la flore sauvages* » (préambule de la CITES).

[7] La constitution des collections scientifiques a également vocation à être régie par la CITES, les spécimens ou produits qui en sont issus composant ces collections pouvant être visés par la convention.

I – L'applicabilité de la CITES aux collections scientifiques

La notion de collection scientifique est étrangère à la CITES : il n'est donc pas possible d'affirmer, dans l'absolu, que les collections scientifiques entrent dans son champ d'application. Cependant, en détaillant les limites de celui-ci – limites reprises par le règlement communautaire de 1996 et le droit français – il est possible de dégager des critères permettant d'établir les caractères que doit présenter une collection scientifique pour relever du régime juridique issu de la CITES.

A – Les critères déterminant l'application de la CITES aux collections scientifiques

La CITES régit le commerce international d'espèces menacées d'extinction, finalité qui impose la réunion de trois critères pour qu'elle puisse s'appliquer à une collection scientifique : il faut une collection composée de spécimens, provenant d'espèces protégées, et qui fasse l'objet d'un commerce.

1 – Une collection composée de spécimens

La notion de spécimen est centrale dans la CITES, puisque le spécimen est la chose dont le commerce est réglementé. Il est défini comme tout animal ou toute plante, vivants ou morts, ainsi que toute partie ou produit obtenu à partir de cet animal ou de cette plante et facilement identifiable [8]. Cette définition juridique du spécimen offre à la CITES un potentiel remarquable et permet de viser à la fois un être vivant, un trophée de chasse, un objet fabriqué en os, en écaille, en ivoire, en laine, en plumes, en coquillages ou en bois, une préparation médicinale…

La collection, composée de spécimens ainsi définis, entre dans le champ d'application de la CITES, du simple fait qu'elle est une somme d'animaux, de plantes ou d'objets qui eux-mêmes relèvent de la convention. La finalité de cette collection – scientifique ou pas – sa valeur – marchande ou patrimoniale – n'entrent pas en considération, pas plus que le caractère vivant ou mort des animaux ou végétaux collectionnés.

---

[8] Art. I.b de la CITES. Le règlement communautaire de 1996 ajoute « *toute partie ou tout produit obtenu à partir de ceux-ci, incorporé ou non dans d'autres marchandises, ainsi que toute autre marchandise dans le cas où il ressort d'un document justificatif, de l'emballage ou d'une marque ou étiquette ou de tout autre élément qu'il s'agit de parties ou de produits d'animaux ou de plantes de ces espèces (…)* » (art. 2.t).

2 – Des spécimens provenant d'espèces protégées

La CITES ne s'applique qu'aux spécimens représentant des espèces inscrites dans l'une de ses trois annexes et ainsi expressément désignées comme protégées. L'annexe I comprend des espèces menacées d'extinction qui sont ou pourraient être affectées par le commerce, l'annexe II celles qui ne sont pas actuellement menacées d'extinction mais pourraient le devenir si le commerce n'était pas soumis à une réglementation stricte [9]. L'inscription d'espèces à ses annexes est votée par la Conférence des Parties [10], en fonction d'impératifs scientifiques et de considérations politiques [11]. L'annexe III, qui relève d'une logique différente, comprend les espèces qu'un État souhaite protéger sur son territoire en réglementant leur exploitation, la coopération des autres Parties à la convention étant requise pour en contrôler le commerce [12]. Le règlement communautaire de 1996 contient lui aussi des listes d'espèces protégées en annexes, élaborées par référence à la CITES et complétées afin d'élargir le champ d'application du texte [13]. En droit français, les listes d'espèces protégées sont fixées par des arrêtés ministériels [14].

La collection scientifique concernée par la CITES est donc celle qui comprend des spécimens issus d'espèces protégées car inscrites dans ces listes. Toutefois, la collection en elle-même n'existe pas au regard de la convention, quand bien même elle serait exclusivement composée de tels spécimens. La CITES ne vise que les composantes de cette collection, en leur qualité de représentantes d'espèces protégées.

---

[9] Art. II.1 et 2 de la CITES. L'annexe II peut comprendre aussi certaines espèces qui doivent faire l'objet d'une réglementation, afin de rendre efficace le contrôle du commerce des spécimens des autres espèces inscrites à cette même annexe.

[10] Art. XV de la CITES. La Conférence des Parties est l'assemblée plénière regroupant tous les Etats ayant ratifié la CITES, elle se réunit au moins une fois tous les deux ans.

[11] C. de Roany, « La classification des espèces à protéger par la « CITES » : une dynamique fondée sur les travaux de l'UICN », *Droit de l'environnement*, n° 122, 9-2004, p. 193.

[12] Art. II.3 de la CITES. L'inscription à cette annexe se fait par chaque Partie, selon la procédure établie à l'article XVI de la CITES.

[13] Art. 3 du règlement de 1996. Les espèces sont inscrites dans quatre annexes (A à D), selon des critères permettant un renforcement du régime de protection par rapport à la CITES. L'annexe D, qui n'a pas d'équivalent dans la CITES, comprend notamment les espèces dont l'importance du volume des importations communautaires justifie une surveillance.

[14] Voir notamment les trois arrêtés du 23 avril 2007 fixant les listes des mollusques protégés sur l'ensemble du territoire, les listes des insectes protégés sur l'ensemble du territoire, la liste des mammifères terrestres protégés sur l'ensemble du territoire et les modalités de leur protection.

3 – Une collection faisant l'objet d'un commerce

La CITES régit le commerce international des espèces qu'elle protège, le terme de « commerce » recouvrant l'exportation, la réexportation, l'importation et l'introduction en provenance de la mer [15]. Le caractère international de l'activité en cause est essentiel, la convention n'ayant pas de capacité à régir les actes de commerce limités au territoire d'un État. Le règlement communautaire de 1996 s'applique quant à lui à l'introduction dans la Communauté, l'exportation et la réexportation hors de la Communauté de spécimens d'espèces protégées, mais aussi à leur utilisation, leur circulation et leur cession à l'intérieur de la Communauté comme à l'intérieur d'un État membre [16]. Cette conception extensive de la notion de « commerce » permet de ramener dans le champ d'application du régime de protection des activités non couvertes par la CITES elle-même. Le code de l'environnement français reprend ces règles issues du règlement de 1996.

Par conséquent, une collection scientifique comprenant un ou plusieurs spécimens d'espèces protégées relève du régime issu de la CITES, tel que transposé par le règlement communautaire de 1996 et le code de l'environnement, dès lors qu'elle fait l'objet d'une utilisation, d'une circulation ou d'une cession sur le territoire national d'un État membre ou dans la Communauté, qu'elle est exportée vers un pays tiers ou importée à l'intérieur de la Communauté.

B – Les collections scientifiques bénéficiant de dérogations

Bien qu'elles correspondent aux trois critères précités, deux catégories de collections bénéficient de régimes dérogatoires permettant de les affranchir des restrictions prévues par la CITES : celles composées de spécimens acquis avant l'application de la convention ou de spécimens élevés en captivité [17].

---

[15] Art. I.c de la CITES. La réexportation est l'exportation de tout spécimen précédemment importé. L'introduction en provenance de la mer comprend « *le transport, dans un État, de spécimens d'espèces qui ont été pris dans l'environnement marin n'étant pas sous la juridiction d'un État* » : il s'agit essentiellement de l'introduction sur le territoire d'un État de spécimens prélevés en haute mer, dans les eaux comme dans le sol ou le sous-sol. Le règlement communautaire de 1996 précise « *y compris l'espace aérien situé au-dessus de la mer et les fonds et le sous-sol marins* » (art. 2.e).

[16] Art. 2.u du règlement de 1996.

[17] Il faut ajouter une dérogation concernant moins directement les collections scientifiques : les mouvements des spécimens qui font partie d'un zoo, d'un cirque, d'une ménagerie, d'une exposition d'animaux ou de plantes itinérants (art. VII.7 de la CITES).

1 – Les collections de spécimens acquis avant l'application de la CITES

Les collections anciennes, ou plus récemment constituées mais rassemblant des spécimens anciens, ne sont pas soumises aux contraintes issues de la CITES. Cette dernière prévoit en effet que les spécimens acquis avant qu'elle ne leur soit applicable échappent au régime qu'elle impose, sous réserve que l'antériorité de cette acquisition soit prouvée [18]. La date à partir de laquelle la convention s'applique à un spécimen est celle de l'inscription pour la première fois aux annexes de l'espèce concernée ; la date à laquelle un spécimen a été acquis est considérée comme celle de son prélèvement dans la nature ou de sa naissance s'il est né en captivité ou a été reproduit artificiellement en milieu contrôlé [19]. La preuve de l'antériorité de l'acquisition est établie par un certificat, délivré par l'organe de gestion de l'État d'exportation ou de réexportation, c'est-à-dire par l'autorité administrative nationale normalement chargée d'accorder les permis pour l'exportation ou la réexportation du spécimen (une attestation délivrée par le préfet en droit français [20]).

Alors que cette dérogation vise essentiellement des spécimens vivants, celles retenues par le règlement communautaire de 1996 trouvent davantage à s'appliquer à des collections d'objets ou de spécimens morts. Ainsi, en matière d'exportation et de réexportation, il prévoit une exception aux règles prévues pour les spécimens travaillés ayant été acquis plus de 50 ans auparavant et pour les spécimens morts, les parties et produits obtenus à partir de ces spécimens sous réserve d'apporter la preuve de l'antériorité de l'acquisition par rapport à l'application du régime issu de la CITES [21]. Concernant le régime de l'importation, les exigences du règlement de 1996 ne s'appliquent pas aux spécimens pour lesquels il est prouvé qu'ils avaient été précédemment introduits ou acquis légalement dans la Communauté et qu'ils sont réintroduits, ni aux spécimens travaillés ayant été acquis plus de 50 ans auparavant [22].

---

[18] Art. VII.2 de la CITES.

[19] Si cette date n'est pas connue ou si elle ne peut pas être attestée, il faut se référer à toute date ultérieure probante à laquelle une personne en a pris possession pour la première fois. Voir : résolution Conf. 13.6, *Application de l'article VII.2 concernant les spécimens « pré-convention »*, Bangkok, 14.10.2004.

[20] Art. R. 412-6 du code de l'environnement.

[21] Art. 5.6 du règlement de 1996.

[22] Art. 4.5 du règlement de 1996.

2 – Les collections de spécimens élevés en captivité

Les collections composées de spécimens vivants peuvent se voir appliquer un régime considérablement allégé, puisque la CITES contient des dispositions dérogatoires pour les spécimens d'espèces animales élevées en captivité ou d'espèces de plantes reproduites artificiellement, les parties de tels animaux ou plantes ou leurs produits [23]. L'expression « élevé en captivité » doit être interprétée comme se référant aux seuls spécimens nés ou produits autrement en milieu contrôlé et sous certaines conditions liées à la situation et à la provenance des parents du spécimen [24]. Un certificat, délivré par l'autorité administrative nationale de l'État d'exportation et attestant de l'origine du spécimen, remplace alors toute autre formalité pouvant être requise en application de la CITES. Toutefois, pour ces spécimens, le règlement communautaire de 1996 est beaucoup plus prudent, puisque la dérogation générale qui leur est consacrée ne permet que quelques assouplissements aux obligations normalement imposées [25].

II – Les restrictions imposées par la CITES à la circulation des collections scientifiques

Afin de préserver les spécimens d'espèces menacées d'extinction, la CITES établit un régime de contrôle étroit du commerce, fondé sur l'obligation d'obtenir des permis, délivrés de manière extrêmement restrictive. Le mécanisme instauré est le suivant : pour les espèces inscrites en annexe I, l'exportation comme l'importation sont soumises à permis, la réexportation et l'introduction en provenance de la mer nécessitent la délivrance d'un certificat ; pour les espèces inscrites en annexe II, seule l'importation est dispensée de permis ; pour les espèces de l'annexe III, c'est essentiellement l'exportation qui est soumise à permis. Les conditions d'obtention de ces permis et certificats sont différentes, selon l'annexe où est inscrite l'espèce et selon l'acte de commerce envisagé.

Le règlement communautaire de 1996 reprend ce mécanisme, les conditions imposées pour obtenir les divers permis et certificats étant sensiblement plus restrictives et détaillées que dans la CITES. En droit français, le code de l'environnement retient la compétence du préfet pour délivrer les différentes autorisations, un arrêté du 30 juin 1998 reprenant les conditions établies par le règlement communautaire de 1996.

---

[23] Art. VII.5 de la CITES.

[24] Résolution Conf. 10.16 (Rev.), *Spécimens d'espèces animales élevés en captivité*, Harare, 20.6.1997 (amendée à la 11e session de la Conférence des Parties).

[25] Art. 7.1 du règlement de 1996.

Par principe donc, la circulation des collections scientifiques soumises aux règles issues de la CITES est restreinte par ces obligations car elle est présumée porter atteinte à des espèces menacées d'extinction. Toutefois, les conditions requises pour obtenir les différents permis ou certificats pourront éventuellement être plus facilement satisfaites, le caractère scientifique de la collection ayant ici un rôle à jouer. Par référence à ces conditions, deux éléments sont déterminants : la composition de la collection scientifique – rassemble-t-elle des spécimens vivants ou des objets, des produits qui en sont issus, des spécimens morts ? – et son utilisation – la collection est-elle utilisée à des fins commerciales ou pas ?

A – Le caractère vivant ou pas de la collection scientifique

Le caractère vivant ou mort des spécimens composant une collection est déterminant lorsqu'il s'agit d'établir les contraintes venant encadrer sa circulation. En effet, transporter un représentant vivant d'une espèce menacée d'extinction génère un risque pour le spécimen – blessure, maladie, perturbation, mort – et pour l'espèce elle-même si ses effectifs sont limités. En revanche, ce risque de dommage à l'espèce n'existe pas si la collection est composée de spécimens morts (animaux naturalisés, plantes séchées…) ou d'objets qui en sont issus. Une condition centrale prévue par la CITES pour obtenir un permis – d'exportation comme d'importation, pour les espèces de l'annexe I comme de l'annexe II – est d'établir que ce déplacement ne nuit pas à la survie de l'espèce. Cette exigence est facilement satisfaite si la collection est composée d'objets, mais l'est plus difficilement si elle réunit des spécimens vivants [26]. Dans ce cas, il faut en outre prouver, pour une exportation, que tout spécimen sera mis en état et transporté de façon à éviter les risques de blessure, de maladie ou de traitement rigoureux [27], et pour une importation, que le destinataire a les installations adéquates pour conserver et traiter le spécimen avec soin [28].

Pour les spécimens vivants, il faut ajouter que le règlement communautaire de 1996 en régit la circulation à l'intérieur de la Communauté, les restrictions imposées visant principalement à s'assurer que les lieux de destination permettent un traitement correct du spécimen [29].

---

[26] Art. III.2.a, 3.a et 5.a (espèces de l'annexe I) ; art. IV.2.a et 6.a (espèces de l'annexe II) de la CITES.

[27] Art. III.2.c (espèces de l'annexe I), art. IV.2.c, 5.b et 6.b (espèces de l'annexe II), art. V.2.b (espèces de l'annexe III) de la CITES.

[28] Art. III.3.b) et 5.b) pour une introduction en provenance de la mer (espèces de l'annexe I) de la CITES.

[29] Art. 9 du règlement de 1996.

B – La finalité commerciale ou non de la circulation de la collection scientifique

La CITES visant à régir le commerce des espèces, l'absence de finalité commerciale d'une activité justifie certaines adaptations au régime mis en place. Deux hypothèses doivent ici être envisagés : l'importation d'une collection comprenant des spécimens d'espèces de l'annexe I et les prêts, donations et échanges entre hommes de science et institutions scientifiques.

1 – L'importation d'une collection comprenant des spécimens d'espèces de l'annexe I

Parmi les conditions extrêmement strictes dont dépend l'obtention d'un permis d'importation pour les spécimens d'espèces de l'annexe I, figure la preuve que le spécimen importé ne sera pas utilisé à des fins principalement commerciales [30]. Le règlement communautaire de 1996 reprend cette exigence [31] et définit l'expression « fins principalement commerciales » comme toutes les finalités dont les aspects non commerciaux ne sont pas manifestement prédominants [32]. Cette acception large découle d'une position de principe retenue par les États parties à la CITES, selon laquelle toute transaction qui n'est pas pleinement non commerciale est considérée comme ayant une finalité commerciale [33]. Par conséquent, l'obtention d'un permis d'importation pour une collection contenant des spécimens d'espèces de l'annexe I n'est pas possible si parmi les finalités de cette importation il n'y a pas une domination manifeste des aspects non commerciaux. À l'inverse, l'importation peut être autorisée lorsque son objectif scientifique est clairement prédominant, c'est-à-dire lorsque l'importateur est un homme de science ou une institution scientifique (enregistré ou autrement agréé par l'organe de gestion du pays d'importation) et lorsque la revente des spécimens, leur échange commercial ou leur exposition en vue de réaliser un gain économique n'en constitue pas la fin première [34].

---

[30] Art. III.3.c de la CITES (5.c pour l'introduction en provenance de la mer).

[31] Art. 4.1.d du règlement de 1996.

[32] Art. 2.m du règlement de 1996.

[33] Une activité peut être qualifiée de commerciale si son but est de réaliser un gain économique, y compris un profit (soit en espèce, soit en nature) et si elle est orientée vers la revente, l'échange, la fourniture d'un service ou une autre forme d'utilisation ou de gain économique (résolution Conf. 5.10, *Définition de l'expression « à des fins principalement commerciales »*, Buenos Aires, 3.5.1985).

[34] Annexe à la résolution Conf. 5.10.

2 – Les prêts, donations et échanges entre hommes de science et institutions scientifiques

Les règles issues de la CITES ne s'appliquent pas aux prêts, donations et échanges à des fins non commerciales entre les hommes de science et des institutions scientifiques – enregistrés par un organe de gestion de leur État – de spécimens d'herbiers et d'autres spécimens de musées conservés, desséchés ou sous inclusion et de plantes vivantes – portant une étiquette délivrée ou approuvée par un organe de gestion. Cette dérogation générale est prévue par la CITES et reprise par le règlement communautaire de 1996 [35]. L'objectif retenu est d'encourager la recherche scientifique sur la faune et la flore sauvages lorsqu'elle peut être utile pour conserver des espèces menacées d'extinction [36].

Pour conclure, il faut souligner que si le sujet abordé ici est celui de la circulation des collections scientifiques, les règles de la CITES s'appliquant aux spécimens, elles ont aussi vocation à régir la constitution de ces collections en restreignant d'éventuelles importations ou exportations d'animaux, de végétaux ou d'objets qui en sont issus.

---

[35] Art. VII.6 de la CITES et 7.4 du règlement de 1996.

[36] Résolution Conf. 11.15 (Rev. COP 12), *Prêts, dons ou échanges de spécimens de musées et d'herbiers à des fins non commerciales*, Gigiri, 20.4.2000 (amendée à la 12e session de la Conférence des Parties).

Musée et éthique

Michel Côté
Musée des Confluences

Le Conseil international des musées a rédigé et diffusé un code de déontologie à l'intention de ses membres et du public, ce code est bien sûr influencé par les changements sociaux et par l'évolution des pratiques et traduit les valeurs partagées par la communauté muséale. Les législations nationales donnent aussi des orientations, des principes et des obligations en matière d'éthique et les associations professionnelles nationales ont souvent posé les jalons en matière de comportements attendus.

Retenons deux choses : que les codes de déontologie ne sont jamais définitifs et qu'ils reposent sur des valeurs.

Parler de déontologie, c'est aussi raconter sa vision du monde.

Il est inutile de reprendre ici le contenu et les principes émis par les associations, nous préférons témoigner de quelques enjeux qui se posent à une institution en développement, en l'occurrence le Musée des Confluences, car développer une institution, c'est bien sûr se confronter à des questions d'éthique.

I – La question des partenaires

Les musées travaillent en partenariat avec de nombreux acteurs sociaux.

A – Le milieu économique et tout particulièrement les entreprises

Celles-ci peuvent apporter au musée de nombreux bénéfices en termes de présence, de savoir-faire, de matériel, d'appui technique et financier. Les pressions budgétaires de toutes les institutions confirment la nécessité de ce type de rapprochement.

Pourtant tout ne peut être fait, ni n'importe comment. La perception positive du public envers le musée repose notamment sur sa rigueur et son exigence scientifique. Comment concilier les attentes légitimes d'un partenaire et le positionnement nécessaire d'une institution culturelle ? Des règles du jeu claires sont à établir sur les thématiques abordées et sur leur traitement, sur les modes de diffusion scientifique et culturelle, sur les pratiques de la communication et de la visibilité.

Pour mieux illustrer le propos voici trois exemples.

— Lors de l'élaboration d'une exposition sur l'alimentation, appuyée par un grand groupe commercial, le musée, soutenu par un comité scientifique, présente au sein de l'exposition et met en valeur le rôle fondamental et innovateur d'un concurrent qui a été à l'origine du concept de supermarché. On peut facilement imaginer le malaise du partenaire économique et du musée, mais l'exactitude des faits et la rigueur de l'analyse ont fini par créer un consensus.

— Alors que le musée présente une exposition sur le développement hydraulique, il souligne des effets pervers et des cas de pollution par le mercure. Le mécène est évidemment une entreprise nationale (ce n'est pas un cas français) productrice d'électricité. Est-ce que le musée va s'imposer une autocensure, va-t-il se confronter avec l'entreprise ?

— Un mécène propose au musée de distribuer gratuitement à tous les enfants visiteurs un bon d'achat donnant droit à une portion de frites dans ses restaurants. Le musée refuse.

Cette liste n'est qu'illustrative et pédagogique. Je crois qu'il est nécessaire et possible d'établir un rapport sain avec des partenaires économiques si, dès le point de départ, le musée a réussi à faire comprendre ses obligations et ses exigences de travail. Les règles du jeu doivent être claires et la rigueur scientifique de même. Il en va de l'intérêt de l'entreprise et du musée.

B – Le partenariat culturel

Au-delà de ce partenariat économique, un partenariat culturel peut aussi porter quelques pièges. Travailler sur la représentation de l'autre c'est reconnaître la réalité de plusieurs points de vue, ceux de l'institution, ceux des comités scientifiques et ceux des groupes culturels présentés. L'expérience a souvent démontré que le seul regard scientifique pouvait comporter des faiblesses, d'où la nécessité d'avoir un appui des comités culturels. Mais un seul comité culturel pourrait aussi orienter le propos faute de la nécessaire distanciation.

Le Musée des Confluences développe de façon importante ses collections autochtones, il reçoit l'appui de nombreux spécialistes extérieurs, mais a aussi entrepris de développer des relations directes avec les communautés. L'expérience de « Paroles d'autochtones » qui s'est tenue dans les dernières semaines et présentait cinéma, conférences, débats avec des groupes de différentes communautés, traduit cette volonté de rapprochement et de prise de parole directe. À quel moment cette parole peut-elle devenir outil de propagande, à quel moment le discours scientifique valide-t-il la complexité de la réalité sociale, à quel moment la distanciation devient-elle l'éloignement ? Travailler avec des partenaires, c'est donc entreprendre une démarche encadrée sans cesse questionnée.

II – Le musée et les thématiques abordées

Est-ce qu'un musée peut traiter de tout et dans quelles conditions ?

Au-delà du plaidoyer pour la liberté et le droit de s'exprimer ou d'exprimer, au-delà de l'exigence d'aborder des sujets délicats, négligés, de revisiter de fausses certitudes ou des tabous, des prudences s'imposent.

A – Le sacré

Il est très difficile de rendre compte du sacré et de l'expérience de ce que nous appelons la foi. Lors de la préparation d'une exposition sur, et avec, les Amérindiens, ceux-ci ont fait état de leur réticence à présenter des « rites de communication avec les esprits » dans la crainte de la non-compréhension par le public. Vouloir expliquer le mystère de l'eucharistie pour des catholiques à des non-pratiquants demeure un enjeu fort délicat.

La volonté et la demande de certaines communautés de ne pas présenter des objets rituels et sacrés doivent être entendues et il est nécessaire de désacraliser certains objets avant de les offrir au regard des visiteurs.

B – La mort

Il y a souvent un lien entre le sacré et la mort et le respect dû aux défunts. Le récent débat sur la Tête Maorie démontre bien qu'en ces temps de respect de la diversité culturelle, il est encore nécessaire de rappeler que les corps d'individus et d'ancêtres ne peuvent être considérés comme de simples objets esthétiques ou historiques.

C – L'intolérable

Se pose fondamentalement la question de l'intolérable et du basculement vers la banalisation de la violence. L'exposition « Corps et âmes » racontait l'histoire de la prise de parole des femmes et soulignait les représentations complexes du corps des femmes. À la question de la violence faite aux femmes, la problématique de la représentation s'est rapidement posée. Fallait-il utiliser le cinéma et une scène de viol ? Faire appel à des faits divers, malheureusement trop nombreux ?

La solution proposée (une simple mention rappelait qu'à chaque moment où l'on entendait le son d'un métronome, une femme était violentée) suffisait à faire comprendre l'ampleur et la cruelle fréquence des drames.

La question du sujet et du traitement du sujet sont évidemment au cœur des préoccupations des musées. Les résistances de certains publics face à des sujets comme Hiroshima et la bombe atomique ou tout simplement Freud et Darwin, la mémoire refoulée des sociétés et l'absence de certaines thématiques (par exemple la question de la guerre d'Algérie), le refus de présenter certaines expositions itinérantes comme « Our body » démontrent bien qu'il y a bien sûr des questions d'éthique et que le propos des musées s'inscrit dans des sociétés données.

III – Parler d'éthique, c'est parler des publics

Évidemment la question des publics demeure au centre des questions d'éthique.

Plusieurs musées soulignent ainsi que « cette salle peut contenir des images choquantes » ou que « les enfants doivent être accompagnés ». Il y a des visiteurs et les musées ont des responsabilités à leur égard.

Nous ne reprenons pas ici la loi française et les orientations étatiques en cette matière. Les exigences de la pratique nous en démontrent la complexité. Pour le Musée des Confluences, elle se présente sous deux formes.

A – La diversification et l'élargissement

Le musée s'adresse à des publics variés. Cependant les études confirment que le profil socio-économique des visiteurs ne correspond pas au profil socio-économique des citoyens. Comment s'assurer que nous nous adressons au plus grand nombre, comment atteindre cette nécessaire utopie de la démocratie culturelle ? Quels moyens utilisons-nous pour rejoindre, toucher, échanger avec des publics non habituels ? Que faisons-nous pour jouer un véritable rôle social ?

B – La fidélisation

Afin d'avoir un véritable impact, le musée doit aussi développer son action dans la durée. La pratique régulière de l'institution permet d'approfondir, de nuancer, d'entreprendre un échange, bref... d'accomplir notre rôle de formation continue et d'acteur social. Les musées ne doivent pas seulement être visités, ils doivent être fréquentés.

Il n'est donc pas surprenant que je conclue cette brève présentation en insistant sur la nécessité de l'action de la médiation culturelle et du rôle des médiateurs. Parler d'éthique, c'est parler de valeurs, de vision du monde.

Le Musée des Confluences accorde, quant à lui, une attention toute particulière à sa mission de diffusion et place le public au cœur de ses préoccupations.

L'HARMATTAN, ITALIA
Via Degli Artisti 15 ; 10124 Torino

L'HARMATTAN HONGRIE
Könyvesbolt ; Kossuth L. u. 14-16
1053 Budapest

L'HARMATTAN BURKINA FASO
Rue 15.167 Route du Pô Patte d'oie
12 BP 226
Ouagadougou 12
(00226) 76 59 79 86

ESPACE L'HARMATTAN KINSHASA
Faculté des Sciences Sociales,
Politiques et Administratives
BP243, KIN XI ; Université de Kinshasa

L'HARMATTAN GUINÉE
Almamya Rue KA 028
En face du restaurant le cèdre
OKB agency BP 3470 Conakry
(00224) 60 20 85 08
harmattanguinee@yahoo.fr

L'HARMATTAN CÔTE D'IVOIRE
M. Etien N'dah Ahmon
Résidence Karl / cité des arts
Abidjan-Cocody 03 BP 1588 Abidjan 03
(00225) 05 77 87 31

L'HARMATTAN MAURITANIE
Espace El Kettab du livre francophone
N° 472 avenue Palais des Congrès
BP 316 Nouakchott
(00222) 63 25 980

L'HARMATTAN CAMEROUN
BP 11486
(00237) 458 67 00
(00237) 976 61 66
harmattancam@yahoo.fr

644834 - Mars 2016
Achevé d'imprimer par

1livre.com
du rêve à la réalité !

www.ingramcontent.com/pod-product-compliance
Lightning Source LLC
LaVergne TN
LVHW051401061026
849535LV00009B/3307
* 9 7 8 2 2 9 6 1 3 0 8 9 0 *